20世纪中国教育家画传

主编：储朝晖

MEI YIQI HUAZHUAN

梅贻琦画传

黄延复　钟秀斌　著

四川教育出版社

图书在版编目（CIP）数据

梅贻琦画传 / 黄延复，钟秀斌著. —成都：四川教育出版社，2013.5
（20世纪中国教育家画传 / 储朝晖主编）
ISBN 978-7-5408-6301-2

Ⅰ.①梅… Ⅱ.①黄… ②钟… Ⅲ.①梅贻琦（1889~1962）–传记–画册
Ⅳ.①K825.46–64

中国版本图书馆CIP数据核字（2013）第034835号

责任编辑	张纪亮　赵　华
封面设计	何一兵
版式设计	王　凌　张　涛
责任校对	史敏燕
责任印制	田东洋
出版发行	四川教育出版社
地　　　址　四川省成都市锦江区三色路266号	
邮政编码　610023	
网　　　址　www.chuanjiaoshe.com	
印　　刷	北京市兆成印刷有限责任公司
制　　作	四川胜翔数码印务设计有限公司
版　　次	2013年5月第1版
印　　次	2022年4月第4次印刷
成品规格	170mm×230mm
印　　张	14.5
书　　号	ISBN 978-7-5408-6301-2
定　　价	45.00元

如发现印装质量问题，请与本社调换。电话：（028）86259359
营销电话：15208205647　　邮购电话：（028）86259605
编辑部电话：15884467278

总　序

2007年3月5日，温家宝总理在第十届全国人大第五次会议的《政府工作报告》中郑重宣布：要提倡教育家办学。这个问题的提出显示出中国急需教育家却又缺少教育家。《国家中长期教育改革和发展规划纲要（2010～2020年）》更明确提出："造就一批教育家，倡导教育家办学。"

然而，现今即使是专门从事教育工作的人，对怎样才是真正的教育家却也没有清晰的认识。为解决这一问题，中央教育科学研究所研究员储朝晖与时任四川教育出版社社长安庆国在编写一套《20世纪中国教育家画传》丛书的想法上不谋而合，这对传承、传播中国20世纪教育家的办学理念，弘扬其教育精神和优秀思想，促进教育家办学的早日全面实现十分有益，也十分必要。

这套丛书所选择的十位传主是经过教育史专业的学者海选而产生的，他们是王国维、蔡元培、陶行知、张伯苓、胡适、梅贻琦、黄炎培、徐特立、陈鹤琴、晏阳初，我认为他们确实代表了20世纪对中国教育有巨大影响的教育家群体。

这套丛书突出传主的教育思想、办学理念、办学实践，尤其凸显传主的教育家精神；强调以史料为依据，对传主的教育贡献作客观评价，实事求是，还原历史，避免主观，不做有意拔高；全书插入大量珍贵历史图片，以图文并茂的方式呈现历史画卷，使得丛书具有了较高的学术价值、收藏价值以及观赏性和可读性。同时，丛书主编精心挑选各位传主研究方面的专家担任各分册作者，较好地保证了整套丛书的编写深度和质量。其中黄延复研究梅贻琦、宋恩荣研究晏阳初、梁吉生研究张伯苓、戴永增研究徐特立、金林祥研究蔡元培、储朝晖研究陶行知都有二十多年了。我与储朝晖第一次见面是在1988年，他拿着一封方明的信来找我，正是为了查阅北京师范大学图书馆特藏部的陶行知研究资料。北京大学图书馆研究馆员邹新明研究胡适、西南大学教授谢长法研究黄炎培、陈鹤琴外孙柯小卫研究陈鹤琴、青年传记文学作家窦忠如研究王国维，他们也都是长期从事相关研究的专家学者，堪称黄金组合。这套书将有助于读者更好地领会各位教育家的精神真谛。

　　希望这样一套难得的好书，能激励有志教育的人成为教育家，切实有效地推动中国的教育家办学进程。

就职清华大学校长演说 [1]

（1931年12月3日）

梅贻琦

本人离开清华，已有三年多的时期。今天在场的诸位，恐怕只有很少数的人认识我罢。我今天看出诸位里面，有许多女同学，这是从前我在清华的时候所没有的。我还记得我从前在清华负责的时候，就有许多同学向我请求开放女禁，招收女生。我当时的回复说，招收女生这件事，在原则上我是赞成的，不过在事实上，我认为尚须有待。因为男女的性别不同，有许多方面，必须有特别的准备，所以必须经过相当的筹备，方能举成。现在，在我出国的三年内，当然准备齐全，所以今天有许多女同学在内，这是本人所深以为慰的。

---

[1] 1931年12月3日，北平清华园。一位眉目清秀、神色俊逸、气宇不凡的中年男士，以他一贯沉稳平静的口吻，向已经十个多月没有校长的清华学生，发表了这篇让后人传诵不已的就职演讲。从这一天起，清华师生告别了久无校长的困局，迎来了这位后来被清华同人誉为"终身校长"的梅贻琦。在这篇简短平实的演讲词中，"所谓大学者，非谓有大楼之谓也，有大师之谓也"一句，即众所周知的"大师论"，随后成为清华，乃至中国大学的共同办学理念。梅贻琦先生尽管开创了清华大学的黄金时代，主导了西南联大的教育奇迹，但他更为读者所记住的却是这句话。梅贻琦先生生性缄默，被称为"寡言君子"，却做了许多让现在的人们称颂不已的漂亮大事。

本人能够回到清华,当然是极高兴、极快慰的事。可是想到责任之重大,诚恐不能胜任,所以一再请辞,无奈政府方面,不能邀准,而且本人与清华已有十余年的关系,又享受过清华留学的利益,则为清华服务,乃是应尽的义务,所以只得勉力去做,但求能够尽自己的心力,为清华谋相当的发展,将来可告无罪于清华足矣。

清华这些年来,在发展上可算已有了相当的规模。本人因为出国已逾三年,最近的情形,不很熟悉,所以现在也没有什么具体的意见可说。现在姑且把我对于今后的清华所抱的希望,略为说一说。

一、我先谈一谈清华的经济问题。清华的经济,在国内总算是特别的好,特别的幸运。如果拿外国大学的情形比起来,当然相差甚远,譬如哥伦比亚大学本年的预算,共有三千六百万美金,较之清华,相差不知多少。但比较国内的其他大学,清华的经济,总不能算少,而且比较稳定了。我们对于经济问题,有两个方针,就是基金的增加和保存。我们总希望清华的基金能够日渐增多,并且十分安全,不至动摇清华的前途。然而我们对于目前的必需,也不能因为求基金的增加而忽视,应当用的我们也还得要用,不过用的时候总要力图撙节与经济罢了。

二、我希望清华今后仍然保持它的特殊地位,不使坠落。我所谓特殊地位,并不是说清华要享受什么特殊的权利,我的意思是要清华在学术的研究上,应该有特殊的成就,我希望清华在学术方面应向高深专精的方面去。办学校,特别是办大学,应有两种目的:一是研究学术,二是造就人材。清华的经济和环境,很可以实现这两种目的,所以我们要向这方面努力。有人往往拿量的发展,来估定教育费的经济与否,这是很有商量的余地的。因为学术的造诣,是不能以数量计较的。我们要向高深研究的方向去做,必须有两个必备的条件,其一是设备,其二是教授。设备这一层,比较容易办到,我们只要有钱而且肯把钱用在这方面,就不难办到。可是教授就难了。一个大学之所以为大学,全在于有没有好教授。孟子说:"所谓故国者,非谓有乔木之谓也,有世臣之谓也。"我现在可以仿照说:"所谓大学者,非谓有大楼之谓也,有大师之谓也。"我们的智识,固有赖于教授的教导指点,就是我们的精神修养,亦全赖有教授的inspiration。但是这样的好教授,决不是一朝一夕所可罗致的。我们只有随时随地留意延揽而已。同时对于在校的教授,我们应该尊敬,这也是招致的一法。

三、我们固然要造就人材,但是我们同时也要注意到利用人材。就拿清华说吧,清华的旧同学,其中有很多人材,而且还有不少的杰出人材,但是回国之后,很少能够适当利用的。多半是用非所学,甚且有学而不用的,这是多么浪费——人材浪费——的一件事。我们今后对于本校的毕业生,应该在这方面多加注意。

四、清华向来有一种俭朴好学的风气,这种良好的校风,我希望今后仍然保持着。清华从前在外间有一个贵族学校的名声,但是这是外界不明真相的结果,实际的清华,是非常俭朴的。从前清华的学生,只有少数的学生,是富家子弟,而大多数的学生,却都是非常俭朴的。平日在校,多是布衣布服,棉布鞋,毫无纨绔习气。我希望清华今后仍然保持这种良好的校风。

五、最后我不能不谈一谈国事。中国现在的确是到了紧急关头,凡是国民一份子,不能不关心的。不过我们要知道救国的方法极多,救国又不是一天的事。我们只要看日本对丁图谋中国的情形,就可以知道了。日本田中的奏策,诸位都看过了,你看他们那种处心积虑的处在,就该知道我们救国事业的困难了。我们现在,只要紧记住国家这种危急的情势,刻刻不忘了救国的重责,各人在自己的地位上,尽自己的力,则若干时期之后,自能达到救国的目的了。我们做教师做学生的,最好最切实的救国方法,就是致力学术,造成有用人材,将来为国家服务。

今天所说的,就只这几点,将来对于学校进行事项,日后再与诸君商榷。

（本文原载1931年12月4日《国立清华大学校刊》第341号）

目录

目录 Contents

一　家世家风（1904年以前）

梅贻琦堂兄弟合影，后排右起：堂兄弟大排行第五的贻琦、三兄、长兄、四兄、六弟贻瑞；前排右起：七弟贻璠、八弟贻琳、九弟贻宝（注名字者为梅贻琦同胞兄弟）。

梅贻琦，字月涵，1889年12月29日（清光绪十五年腊月初八）诞生于天津鼓楼（也作"古楼"）西板桥胡同。梅氏远祖为明初高级武吏，后被派往天津守卫，衍为"津门望族"。有文字记载：

梅氏先为吴之毗陵人，自前明永乐初调补入津籍，后以功阶世袭指挥，称巨族，历三百余年，以忠厚积德为家法。其先孝行节义记诸邑志者，事迹班班可考。迄今子姓繁衍，书香继美，一门之内，孝友著闻，三津人士，咸谓梅氏子之能不坠家声也……[1]

梅贻琦曾经这样描述自己的家世："关于琦之家世，幼年时曾见一本《梅氏家乘》，略有记忆，以后经庚子之乱，遂未再寻得。此家谱起首叙明，初一将官名梅殷，原籍武进，曾尚太祖之大公主，生二男。燕王至南京僭位，为殷夫妇所反对。一日，殷赴燕王宴，归途落水淹死，大公主哭闹不休……在北京从未遇到过姓梅的，在天津家口亦不多，幼时家人常往来的只不过七八家，皆属中产以下人家，多半教书，或'做盐务'（如盐商经理之类），偶有做官的，不过知县等级，但经商的甚少。在清末以诗或书画称小名家者颇有数人。所以梅家人在天津有'穷念

---

[1] 见《天津文钞》卷2《梅氏族谱序》。

梅贻琦手书家世真迹。

书的'[1]雅号，而还有'梅先生拔烟袋——不得已而为之'[2]的笑话。"

　　1900年以前，梅贻琦在家乡度过童年并受到启蒙教育。读小学时，学习成绩一直优秀，总是考第一名。读书之外，常帮助父母做家事，如踩着小板凳帮助父亲记账、协助母亲给弟弟喂糕干等。1900年，发生八国联军侵华的"庚子之乱"，联军攻入天津，天津大乱，琦随父母至保定避乱。乱后返回时，家当被洗劫一空，父亲失业，家道中落，开始过"准无产阶级"生活。

[1] 相传天津有严、卞、韩、张等八大家，多以积宦或殷富闻名，张（伯苓、彭春）家及梅家则以受新式教育者人多著称。
[2] 此句乃平津一带之歇后语，"拔烟袋"意为街头小窃之行为。

关于梅氏家世，梅贻琦本人、夫人韩咏华和最小的弟弟梅贻宝都有记述。梅贻琦曾写道：

琦幼时报考学校时须默写三代，故还记得：曾祖名汝玉，祖茂生。似皆曾中举贡。琦生时祖父母已去世，稍长闻祖父曾做清丰县教官（训导），病殁于任所。先父讳臣，字伯忱，为三兄弟三姊妹中最长者，二十岁时考中秀才，以后曾两次上京赶考皆不第，便未再试，一生职业为盐务，担任盐商津店账房，或兼"外事"（与官府交结者）。家境非甚宽裕，但对于吾兄弟五人之教育，必尽力成全。琦姊妹亦五人，最小者二人亦能毕业于师范及南开大学。

梅贻宝在《五月十九念五哥》文中回忆：

我们一家兄弟五人，月涵居长，贻宝居末。因为"大排行"的关系，月涵的弟妹们都称他为"五哥"。"五哥"是我们大家庭的柱石，更是大家庭现代化的枢纽。我们这个梅族，据家谱上说，乃是明成祖时代由江苏武进北迁，来驻防天津卫的。不过到了满清末叶家道早已中落了。父亲的功名还是考来的，两位叔叔的，则都是捐来的了。庚子年……合家逃亡。赶到回来，则所有家业，洗劫一空。贻宝恰巧此时出生，可谓生不逢辰。诸兄姊每人都有一位奶妈（亦称乳娘），到了贻宝时期，只可一切从简，奶妈免聘了。母亲乳水不足，则佐以糕干（成分大都是米面粉，略放些糖而已）。当时五哥十岁有余，抱着婴孩贻宝喂糕干乃是他家庭劳作之一项。月涵寡言，举世皆知，即是家人聚首，亦无二致。

由喂糕干到五哥回国这十几年是我家近代史中最艰辛的一段。除去几间旧房庇身之外，我家够得上"准无产阶级"了。父亲的收入有限，家里人口可观。一切周章挪补，都要母亲伤脑筋。我一直到十几岁，恐怕是五哥回国以后，才穿到一件直接为我做的新袍子。

梅贻琦五同胞兄弟，右起：二弟贻瑞、三弟贻琳、老大贻琦、五弟贻宝、四弟贻璠。

关于夫人韩咏华，韩本人在《同甘共苦四十年》文章中有段记述：

我生于1893年（清光绪十九年）8月28日。兄弟姐妹九人。我家和严家也是世交，严范孙老先生先收我长兄韩振华入了他的家塾。后来他说韩家的女孩子也可以一起来读书，于是我在十岁那年，穿上长袍、坎肩，戴上帽头，打扮成男孩子的模样，进入了严氏家塾，和严家的姑娘、少妇一起读书。当时除严氏家族的姑娘们之外，尚有亲友们的女孩儿四五个。家塾设在严宅的偏院酒坊院中，男女生各占一边，轮流使用一个操场。女生上体育课时，要把通向男生的门关上，因我年纪最小，每次都被派去关门。另外，从女生这边隔着窗子也可以看到男生的活动，这样我就知道了月涵和金邦正等人。

我在严氏家塾读了三年书。严家从日本请来先生教授音乐、手工、日语课，还有缝纫课和洗衣课。1907年，严家又从日本请来教幼稚教育课的先生，严氏女塾部分遂演变为幼稚师范，日本式的名称为保姆讲习所。当时我还只有十三岁，又是严老先生一句话："韩五姑娘可以上幼稚师范。"于是我便上了幼师。

1908年，月涵在南开学堂以全班第一名的成绩毕业后，被保送到保定高等学堂读书，时年十九岁……那时，我已在幼师毕业，任教于天津严氏幼稚园和朝阳观幼稚园，业余也在女青年会做些工作，每遇请人演讲等事都是找月涵联系，这才正式与他相识。月涵回国后，看到家中生活困难，二弟贻瑞过早地中断了学业挑起了家庭重担，心中不忍，遂一人担起家庭重担，保证二弟重新完成学业。他不考虑自己的婚姻，奋力工作，赡养父母，并供给诸弟妹的读书之资。

梅贻琦夫人韩咏华女士（1893～1993）。

韩咏华在《我与梅贻琦》文中又写道：

梅先生出国前，家里给他订了婚。回国后，看到家里困难，他就毅然退婚，单身工作好几年，担负着养家的重任。甚至成家之后，还拿出薪水的三分之二，赡养父母，照顾

20世纪20年代末，梅贻琦一家摄于美国。左起：儿子祖彦、梅贻琦、二女祖彤、夫人咏华、长女祖彬。

弟妹。直到三弟贻琳做事之后，都助一点家里，情况才稍许好转……我十三岁上幼稚师范，十六岁毕业后在幼稚园当教员。哥哥振华留日归国后主张送我到金陵去继续读书，父亲不同意，说是严老培养起来的人，应给严老效力。于是我在幼稚园工作了八年半。

梅贻琦夫妇共生四女一男：长女祖彬，适同学美籍华侨毛文德，长期居美；次女祖彤，适英人Emslie，旅居伦敦；三女祖杉，适同学钟安民，亦居美国；四女祖芬最幼，由燕京转清华毕业，居大连；公子祖彦（已故）与三女皆毕业于西南联大。祖彦肄业期间，响应当局号召，从军任译员，战后留美获工学硕士学位，1950年至1954年在美任工程师，于1954年春回国，曾长期任教于清华大学。

二　求学时代(1904~1914)

在伍斯特理工学院留学时期的梅贻琦（1914年）。

　　1904年，15岁的梅贻琦以世交关系进入严范孙氏家塾（天津南开学堂的前身），和严氏子弟一同读书。严范孙为清末翰林，曾在贵州为官，后回天津做寓公，因族中子弟众多，办了一个家塾，收自己家中和亲友及世交的子弟入学。同时还有一位王益孙老先生与严氏合办这个家塾，当时人称"严王二馆"。由二人出资，聘请张伯苓先生为主要教师。张先生教理科，又聘请了其他教师教别的学科，教学方式不同于一般私塾，已初具学堂的性质。这个家塾先是取名为"敬业中学堂"，后来男生迁入南开区的新校址，遂改名为南开中学堂，张伯苓先生被任命为校长。梅贻琦与金邦正、卞肇新、卞铭新、张彭春、李麟玉等人均为南开中学堂第一班学生。梅在丙班，一直是高材生。韩咏华和梅贻琦的相识，即从在严氏家塾求学时开始。

　　梅贻琦与张伯苓先生的师生之谊终生不渝。赵赓飏的《梅贻琦传稿》中记载：有一次（约1932年），清华请南开大学张校长伯苓讲演，讲完全体师生掌声历久不绝。梅校长向张校长致谢后，看见张校长恢复穿起马褂（讲演中途脱下的），先生亲自上前帮扣纽扣。事后某年轻人笑问："您何必当众表演？"先生愕然回答："我自幼年就崇拜他，感激他，任何时都恨不得侍候他以表敬爱，就因为我的科学知识等等都是张校长给我启蒙的，一生受用不尽，久而不渝对他尊敬的诚意，纯出习惯，没顾及在什么场合，绝不是故意表演。"

1908年，梅贻琦自南开中学堂毕业后，被保送到保定高等学堂就读。因他是长子，一些亲友劝他的父亲，等他保高毕业，就找个职员做做算了。恰在这时，美国决定将"庚子赔款"退给中国，并且只允用作教育经费。次年，清政府成立了游美学务处，负责留学生的考送事宜。梅贻琦毅然投考，在630名考生中名列第六而被录取。

1909年11月，梅贻琦一行47人由游美学务处会办唐国安率领自上海搭船抵达美国。当时美国的大学大都已开学，只得暂入补习学校过渡。第二年，学生们大都进入哈佛、麻省理工学院、耶鲁等名牌大学，而梅贻琦却表现出独立精神，单独到东部的伍斯特理工学院（Worcester Polytechnic Institute）攻读电机专业。

梅贻琦在该校攻读四年期间，他的父亲一直失业，家中生活拮据，经常当卖衣物用品维持生计。二弟贻瑞高中毕业后即被迫辍学去中学任教，月薪只有40余元。梅贻琦在美节衣缩食，把节余的学费寄回天津补贴家用。1914年夏，梅贻琦以优异成绩毕业，获学士学位，并被选入该校Sigma Xi荣誉学会，荣获"金钥奖"。他本应继续在美进研究院，但因家中生活困难，父母命他回国就业赡养家庭。他的夫人韩咏华后来回忆："我记得他是和出国考察观光的严范孙老先生同船归来的，我们许多人都曾到大沽口码头去迎接。"

读书期间，梅贻琦还曾担任过留美学生会书记、伍斯特世界会会长、《留美学生月报》经理等职务，增加了阅历，锻炼了办事能力。在此期间，他皈依基督教，并终生信奉。

关于梅贻琦的独立精神，和他同届考取赴美留学的徐君陶回忆说：

梅先生青年时代，即富有刚才几位先生所说的精神。宣统元年（1909），清华初招留美公费生，在北京举行，投考者有七百多人（应为630名——作者注），经过几项考试，一次一次地淘汰，末了剩下47个人，梅先生和我便是这

47人中的两个。我记得我在看榜的时候，看见一位不慌不忙、不喜不忧的也在那儿看榜，我当时看他那种从容不迫的态度，觉察不出他是否考取，后来在船上碰见了，经彼此介绍，原来就是现在的梅先生。梅先生不喜说话，但谈话时却和蔼可亲，人称之为Gentleman of few words。现在相隔三十多年了，他的性情还是这样沉默，态度依旧这样从容。吾们那年是十一月抵三藩市（San Francisco，通译旧金山），美国的大学，都已开学，只得暂入补习学校，来年我们各人都选着几个中国人熟知的学校，纷纷入学。我是选着M.I.T.，梅先生单独投到东部的吴士脱大学（即伍斯特理工学院——作者注）。吾那时还不知道这学校，后来才听说亦是东部一个有名的工业大学。他那种独具见解，确和一般人不同。还有一件事，我觉得学物理的办学校，都有一种优异的表现。M.I.T.以前几任校长及现任校长均是物理学家，梅先生也是学物理的，所以清华办得这样好。总之，梅先生的精神，少年时候是这样，到现在还是这样，他的成功，就是本着这精神。现在我代表同班同学谨向梅先生致敬！

——徐君陶：《在昆明公祝会上的致辞》

1910年留美的杨锡仁先生回忆，梅贻琦入伍斯特理工学院电机工程学系，他与梅同学同系同班同组，又同住好几年，直至毕业。他描述梅在大学时的表现，可分为下列几个要点：(1)异常用功。(2)暇时常背诵、深思林肯之著名讲演*The Gettysburg Address*。(3)得到伍斯特校长Ira Hollis与主科教授的特别关照。(4)参加该校世界会组织，先后任秘书、会计与会长。(5)在同学中人缘甚佳，众人习于昵称他Mike。(6)性极温良，从无怨怒。(7)寡言慎言，永远轻言细语。(8)笃信基督教，每周与张彭春先生赴教堂（1913年梅、杨与张三人加入麻省青年会）。(9)学业成绩优良。

留学期间，梅贻琦有一封致父母及二弟（贻瑞，亦称"六弟"）的家信，从中可见青年时期梅贻琦的孝悌品格。两封信内容如下：

(1)致二弟

六弟足下：别来四月，思念之情与日俱深。迩来正怀想殷殷，忽于十六午飞来家信，内附吾弟手书，环读三四周，欢喜莫名。凡吾所欲知者，吾弟皆一一告之，可见弟之爱我切，故思有以慰我也。兄居是间，一切如恒，无庸赘叙。今就弟之所嘱所问答复如下：……中学范莲清先生未将蓝皮书送来，约被遗失。但此书系借自高等学堂汤谪卿先生者，名*Ottomans' German Grammar*，倘不能寻着，可于保定取回书中找出兄所读者（与此相同），及《曾文正公手札》（七本，借自傅光亭兄），*Junior Course of Composition* by Nesfield（一本，借自陆康衢兄）一同寄保交魏孟藩兄，托伊转交三人。吾弟宜写一信，述说明白。盖兄所欠人，务欲偿还，不然则我以为无心，人疑其有意，苟得之事，兄不屑为。至于人或欠我，不必深追，物轻情重，全其大者而弃其小者可也……兄等入学事，殆亦难言。此次同来，并无贵族，彼二生者，以能与监督辩难，监督词穷，故不得已许之，他人则或为心愿，或不敢言，皆唯唯听命。兄则无所可否，多学一年，即多得一年之益，夫何乐而不为！监督名容揆，广东驻防旗人，久居美，纳美女为妻，今充中国使馆头等参赞兼留美监督，为人颇刚愎，学生多不喜之。至于舞弊情事，名誉攸关，慎勿与外人道也。同室朱君维杰，亦尚相得。惟伊有文人傲兀气，不甚可亲。弟嘱吾爱众亲仁，吾亦众人视之可耳……弟劝吾习汉文，吾亦甚喜之。奈何课忙无暇，有愿莫遂。且作文荒弃愈久，愈难下笔，惟得吾弟一二佳作以读之，亦可借以温习。总之，家人念我之时，即知我念家人。此怀此心，有非文字所能尽罄耳，临颖神驰，不尽缕缕。此信且不列号，俟至明正计起可也。大哥信可参观此信，阅毕亦可寄与大哥一观。诸妹弟同此不另。

（2）致父母

男贻琦跪禀，十二月十六日。

父母亲大人万福金安。敬禀者：今午接到元号家信，知福体康健。家中亦均平安，欣慰之至。男近在学堂一切皆极安帖，手足亦未冻，请勿悬念。（下略）

梅贻琦家书（左：致父母；右：致二弟）。

在伍斯特理工学院留学期间，梅贻琦（中坐者）与同学合影。

所以韩咏华说："梅氏五兄弟之间十分和睦友爱，感情极为深厚。月涵在弟兄中威信很高。他从不发脾气训人，但弟弟们都对他心悦诚服。"

梅贻宝曾说："五哥直接教导诸弟的时候可说没有，但是他对我的学业、为人种种方面的影响，是不可言喻的。后来读书，明白儒家道家的'垂拱而治'、'政者正也'、'无为而无不为'等等道理，甚至佛家亦有'无言之教'之说，这都可见潜移默化的功能。我从未听过五哥述说这些道理，而实施此理最著成效的教育家中，恐怕要以五哥为祭酒。"

三 初登教坛（1915~1926）

初登教坛时的梅贻琦（前排左二）。

　　大学毕业后，梅贻琦因家庭经济困难未能继续留美深造，于1915年春返抵天津。为报乡土之恩和尽教会义务，他先在天津基督教男青年会服务半年。1915年秋，应母校清华之聘，进入清华学校教授物理。从此，他便开始了由普通教师、教授、教务长、代理校长、留美学生监督，到最终成为"终身校长"的光辉历程。

　　韩咏华回忆：

　　1915年，梅贻琦接受周校长礼聘为清华学校物理系主任，教授物理和数学。那时他只有26岁……同时受聘的还有杨光弼先生，为化学系主任。半年后放假时，他回天津去见张伯苓先生，表示对教书没什么兴趣，愿意换个工作。张先生说："你才教了半年书就不愿意干了，怎么知道没兴趣？年轻人要能忍耐，回去教书！"月涵照老师教导，老老实实回京在清华任教。这是他晚年在美闲居时告诉我的一段趣闻。我说："这可倒好，这一忍耐，几十年、一辈子下来了。"

　　梅贻琦回国，家人无比欢欣。梅贻宝回忆

初到清华时的梅贻琦。

说："父亲自认他那一套旧学旧识不合时宜，命诸子唯五哥之命是听。"梅贻琦立即把八弟贻宝送进南开中学。学费每月三元，家里交付不出，张伯苓校长念及两家是世交，而且贻琦是他的得意门生，所以亦不催促。但亦未明言算作免费奖学金，乃以记账方式处置。随后，贻宝考入清华中等科，应属23级。大概因为南开读书一年的关系，教员们把他考了考，问了问，升了一班，改属22级。贻宝入清华当学生的那年，亦是贻琦入清华当教员的那年。在物理班上贻琦是他的业师，所以物理这一门贻宝尤其小心预备，以免班上彼此说闲话，学年结业时这一门他得了个"甲"等。当时贻琦住在学务处（即工字厅）西偏院里，贻宝有时去看看哥哥。"他在时，则是彼此互看一番，Interview而去。他不在时，则偷吃些花生蛋糕而逃。他亦从未问过我这些琐事，大概是心照不宣的了。"有一次学校国语演说比赛，贻宝参加了，题目大概与欧战有关。"这次去看五哥，五哥居然根据讲题同我讨论了好久。我当时不过十几岁的顽童，不觉顿开茅塞。回房好好预备了一番，演说比赛竟获第一。此后每天看报，数十年如一日。"（梅贻宝：《五月十九念五哥》）

曾任清华大学教务长的吴泽霖先生在《记教育家梅月涵先生》一文中回忆说：

当时的清华，为了促进学生有组织、有领导的课外活动，在中学部发起了一种半军事性质的童子军组织。梅先生与一些年轻教师王文显、林语堂、巢坤霖等都响应参加，都充当了中队长，与学生们共同操练，并不时同他们远足旅行或宿营。在这些颇费时间的活动中，梅先生始终认真负责。我当时就是他那个中队的队员。

据梅贻宝先生回忆：

　　梅贻琦初入清华时，另有三个弟弟在中学读书。不久分别考入北京师范大学（当时叫北京高等师范学校——作者注）及清华高等科。这几年大家庭的费用，诸弟的教育费，全由他一人负担。大概还清偿了一部分家里的旧债。像他那样的人品，那样的资历，当时说媒的，不计其数。他好几年概不为所动，显然是为顾虑全家大局而自我牺牲的了。眼看他行年已近三十，幸而渐渐地听说他"常往韩家坐坐"了。他同韩咏华女士1919年结婚，这就是诸弟们的"五嫂"，清华同学们称之为梅师母。当时朋友们送喜联，好几副的上款把"月涵"题成了"悦韩"（或耀韩）。

1915年9月，清华学校科学社成立。图为科学社成员合影。梅贻琦（二排右一）时任科学社顾问。

20世纪20年代清华学堂童子军（前排中为王文显，右为梅贻琦）。

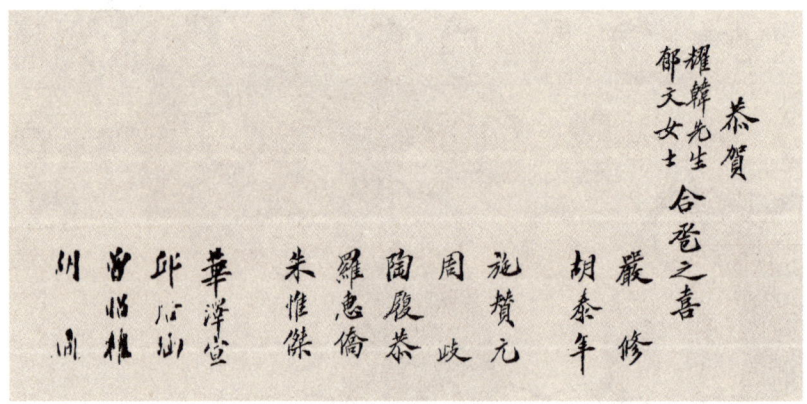

1919年梅贻琦结婚时严修、胡适等的"礼单"。

梅贻琦刚回国时在天津基督教男青年会当过干事。当时韩咏华在女青年会当学生干事，她曾去邀请梅贻琦来女青年会演讲，并劝他妹妹到女青年会来参加活动。韩咏华回忆说："后来直到在清华任教的几年中，有替他保媒说亲的，他概不为所动。据他兄弟说：'显然是为顾虑全家大局而自我牺牲的了。'"直到快三十岁的时候，经严修先生介绍，梅贻琦始与韩缔结婚约。

韩咏华在《我与梅贻琦》文中说：

现在回忆起来当时的经过，仍觉得有趣。当时，严老先生先跟我父亲谈，后又跟我哥哥谈，最后由我表哥和同学出面，请我们吃了一顿饭。梅先生参加了。事后梅先生给我写了一封信，由同学转交给我。我把信交给父亲看，父亲说："不理他。"所以我就没写回信。不久梅先生又给我的同学写信责怪说："写了信没得回音，不知是不愿意，不可能，还是不屑于……"我又把这封责问信给父亲看，父亲却出乎我意料地说："好，好，文章写得不错。"父亲竟因此同意了。此后，我们便开始通信。我们于一九一八年订婚，一九一九年结婚。婚礼在北京东城基督教男青年会举行，由牧师证婚。我们的婚礼在当时是很新式的，家里有人不满意，纷纷批评。因为我上边的哥哥姐姐都是旧式结的婚。婚后，我在家里当家庭妇女。八年半中生了六个孩子。我的主要任务就是把孩子们带大。梅先生在家里很少说话。关于公事，更是一句也没有。对孩子们的教育很注意，从小不让他们挑吃。吃饭时，一个孩子一个盘，把菜分给他们，说："你们把自己盘里的菜都吃完，喜欢吃的，爸爸再给你们添，不喜欢的就不给了。"孩子们觉得条件不高，就把分给的菜都吃掉，从小养成不偏食的习惯。因此，他们都能适应后来在昆明那段清苦的生活。

婚后，梅贻琦夫妇在北京香炉营头条租了一个小后院。当时父母还在天津，梅贻琦住在清华的单身宿舍，只在周末回家。他的月薪三分之一给父母，

1920年，梅贻琦与夫人及长女祖彬合影。

三分之一给弟弟们读大学，三分之一留作自己小家用。1920年长女祖彬出生，次年，梅贻琦获得赴美国芝加哥大学进修的机会。1922年，他获机械工程硕士学位，在欧洲作短期游历后归国，9月回到清华继续任教。当年秋天，梅贻琦家迁入清华园南院（现称照澜院）。

吴泽霖在《记教育家梅月涵先生》一文中说：

像他这样一位不善辞令的人，一九一五年回国就在清华任教，一周要上三门枯燥乏味又难以用一般词汇讲清楚的数理课程，还要批阅成堆的学生作业，其紧张繁忙之状，凡我初试教学的人，都会有深切的体会的……

在清华教学的头几年里，梅先生住在工字厅的一间侧室里。每当深夜万籁

1921～1922年出国进修期间，梅贻琦（右一）与同学在一起。

俱静,人们总是能从窗帘透出的灯光中,看到他专心致志,埋头备课的身影。尽管工作如此繁忙,他仍挤出时间和精力,认真去从事他认为有利于教育青年的活动……

清华初期,有一个基督教青年会的组织,为了宣扬基督教教义和帮助学生提高英文阅读能力,它组织了许多课外的"查经班",读英文圣经,学生是自愿参加,一些中、外教师被聘担任指导,每班不超过十人,每周聚读一二次。梅先生是基督教徒,也被邀指导一个班,我和潘光旦都参加过他的班。圣经是用古英文译的,梅先生不是专攻英国文学的,在辅导阅读时不无困难。我们在阅读时所以尚能顺利理解,显然是梅先生事前费时推敲的结果。

在梅先生执教初期,中学部学生每晚七至九时,照例在自修室内集中自习功课。校方派教师巡视督察,解答学生们提出的疑难问题。这是一般教师最不愿意承担的额外负担,而梅先生年复一年地在轮值的夜晚里,踏遍这些自修室的外廊,耐心地辅导学生,为其他教师节省了大量的备课时间。

四　崭露头角（1926~1931）

1928年梅贻琦（左四）与家人在颐和园留影。

1925年5月，清华设立了大学部和国学研究院。1926年春，清华教务长张彭春因"痛愤校政之腐败"辞职，从而引爆了一场以"挽张抗恶"为口号的风潮，进而发展成一场"校务改进运动"，迫使校方（时任校长为曹云祥）接受了"教授治校"的原则。这场改进运动的直接成果之一是，教务长一职不再由校长直接指聘，而改由教授会从教授中公选。1926年4月，改制后的教授会召开第一次会议选举教务长和评议员。梅贻琦被推举为第二任教务长。从此，清华大学的教务长就改由教授会推举产生。韩咏华曾感慨地说：

那时清华的教授中获博士学位的大有人在，为什么却选中了他？我以为这是出于大家对他的人品的信任。月涵开始主持教务会议，即已显示了他的民主作风。在会上，他作为主席很少讲话，总是倾听大家的意见，集思广益，然后形成决议。从此，月涵开始了他操劳忙碌的大半生，整日在办公室埋头于工作之中。我每天下午四点钟给他送一些茶点，孩子没人带，就放在小车里推去推回。

——韩咏华：《我所了解的梅贻琦》

1928年4月，温应星出任清华大学校长。8月，南京国民政府正式接管清华学校，改称国立清华大学，直辖于教育部，罗家伦接任校长。11月，梅贻琦被任命为清华留美监督处监督，随即单身启程赴美就任。

梅贻琦在教务长任内，在学校发展，特别是教学和师资延聘方面，均有诸多建树。

任清华教务长时期的梅贻琦。

20世纪20年代，清华领导人合影。前排右起：梅贻琦、蔡竞平、曹云祥、张彭春、杨光弼。

《赠别大一诸君》
——梅贻琦的留学观

1927年5月，趁清华应届游美预备部学生毕业即将赴美之机，梅贻琦在《周刊·暑期增刊》（1927年5月28日）发表了《赠别大一诸君》（"大一"即指游美预备部毕业班——作者注）一文，全面而深入地分析了当时青年出国留学所应持的正确态度。这是清华留学史上的一篇"传世之作"，即使对今天的出国留学生也仍具指导意义。兹引录于此：

诸君不久将在清华毕业，放洋游美。这是诸君在校数年以来所存的一个大希望，这希望不久就要实现了，诸君的快乐可想而知，所以凡校中诸师友当然要为诸君祝贺！

吾们祝贺诸君的意思一小部分是因为诸君要得到一个大成功的机会。但是这个机会，不过使诸君有求得高深学问的可能，至于实在成功的多少，还要看诸君努力的程度如何，能不能利用这极宝贵极难得的机会到十足的地步。所以吾在祝贺之外，觉着应向诸君说几句劝勉的话。

诸君此去，在身心的各方面，一时都要受非常的刺激，就是衣食住行，亦要改变常态。在这种急剧变化之中，最要紧的，就是要守住了个人意志的平衡。因为诸君在美国，倘如穿洋服、吃洋饭不大合乎洋式，是不必太介意的；反而言之，倘如把学业荒废了，终日竟颠倒于新大陆中繁华奢靡的社会里，那便是万分的可惜！诸君以前的同学，是有过这样的，诸君或不一定这样做。然即不致如此之甚，倘不能将轻重缓急看得十分亲切，照定远大的努力去做，亦便是平庸一流，不但辜负了国人的资财、师友的期望，恐怕亦不是诸君想去的初衷。

至于诸君到美国求学的方法，当然与在国内是一样的，无需多说。吾愿诸君在那里，无论研究哪种学问，考察哪种事业，都要保持着科学家的态度，然后才能得到真实的学问，才能对于美国的事物得到允当的了解。这科学的态度，吾以为应有以下几种成分：第一要不预存成见；第二要探究事实；第三要根据事实，推求真理；第四要对于真理忠诚信守。

诸君所去的美国，与吾们的国家有许多不同的地方。美国的社会里面，有很好的，亦有很坏的；有吾们要极力取法的，亦有我们应极力避免的。在从事研究选择的时候，就要抛弃主观的思想，务从实际上考察，才能得到一种确当的结论，然后带回国来施用，才能不发生危险。再说诸君在美的这几年，亦正是世界上经受巨大变化的时期，将来有许多组织或要改革，有许多学说或要变更。吾们生在这个时候，不能不受他们的影响，亦不能不将他们看清楚了，好做取舍的决定。这样我们应保持科学家的态度，不存先见，不存意气，安安静静地去研究，才是正当的方法，才可以免除将来冒险的试验、无谓的牺牲。

诸君当临别的时候，预备正忙；赠别的话，不宜太多。所以吾最后只要劝诸君在外国的时候，不要忘记祖国；在新奇的社会里面，不要忘掉自己；在求学遇着疑难问题的时候，务求保持科学的态度，研求真理。

出游四省　广研博察

1927年，中国的教育形势又发生了某种阶段性的变化。这一年，本来处于分化状态的南方国民党势力趋向统一，国民政府奠都南京。5月，蒋介石在南京召开的"五四运动纪念大会"上发出实行"党化教育"的号召。7月，发表

《国民政府教育方针草案》，其第八条规定："科学教育应特别注意"；第九条规定："应努力收回教育权"；第十条规定："教育与宗教分离"。8月，国民政府教育行政委员会议决《学校实行党化教育草案》，从此，"党化教育"的口号开始兴起，而尤以江浙两省推行特别积极。另一方面，山东和奉天（辽宁）两省分别是德、日两国的势力范围，教育上受他们的影响较重，特别是当时全国"收回教育主权"呼声正高，这两个省是考察相关情况的最好的去处。为克服普遍存在的"关门办学"的缺点，梅贻琦认为有必要对上述诸省的教育情况进行一次实地考察。

于是，1927年10月7日，梅贻琦从清华园出发，中经济南、青岛、上海、常州、南京、苏州、大连、奉天（沈阳）等地，进行了为期一个半月的教育考察，于11月21日返回清华园。11月29日，他就出访见闻答清华校刊记者问，分别以"上海

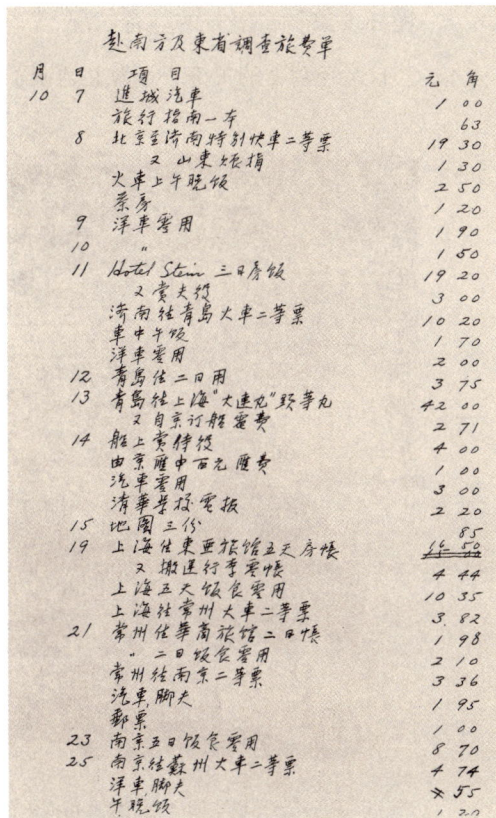

梅贻琦卦南方及东北考察教育的账单。

1927年梅贻琦考察教育期间在保定高中演讲。

怪异现象"、"南方的教育状况"、"党化教育问题"、"在山东、奉天所见"、
"日人经营下的关东"等为主题谈了自己的看法和见解。

1927年12月25日，清华同学会新会所落成留影（前排右三为梅贻琦）。

相关链接

早在20年代中，他已在清华任教，寒暑假或清明春假，他都自动地、义务地
到直隶保定府各县的中学作推广科学的通俗讲演。他曾告诉人说，他去的地方很
不少，有的地方连骡车都不通，全靠步行，但因所得反应强烈，内心的快慰抵消所
有的辛劳。

——赵赓飏：《梅贻琦传稿》

留美学生监督

梅贻琦只身到美后，接替赵国材副校长任清华留美学生监督处监督，管理清华的在美留学生。1929年冬，在梅贻琦父亲去世后，韩咏华赴美与之团聚。韩咏华在回忆这段生活时说：

为了节省开支，月涵不让把儿女都带去，我只好把两个小的孩子留在国内。他为了节省经费，简化了监督处的办事机构，精简了人员。他辞去司机，自己学开

担任清华留美学生监督处
监督期间的梅贻琦（中）。

在担任留美学生监督期间，梅贻琦（右）接待老师张伯苓先生（中）。

车，并将负责做饭和打扫卫生的助理员改为半日工作，只管搞卫生。饭由我来做，不给报酬；秘书何培源兼管买菜，也不另给报酬。月涵的任务是管理分散在全美国的清华留学生，掌管他们的经费（美金），管理他们的学业和操行。他把监督处办成留学生之家，在华盛顿的学生可以随时来监督处活动、休息，在外州的学生放寒暑假时也回这里来休假。后来有些非清华的留学生也常来活动……月涵不赞成学生到社会上去参加娱乐活动，不赞成学生去舞场跳舞，因而尽量把监督处办得好些，使学生们乐于来此。假日，他也允许学生们在这里打打桥牌，搞些健康的文娱活动。

——韩咏华：《我所了解的梅贻琦》

五　黄金时代（1931~1937）

出任清华校长时的梅贻琦。

梅贻琦在美任监督期间，清华校内连续发生"校长风潮"。经过再一次"三赶校长"（1920年前后，清华曾经发生过一次"三赶校长"）之后，1931年，梅贻琦被从清华留美学生监督任上请回来担任校长，此后直到他在台湾去世，一直服务于清华，长达31年（包括在大陆的17年，寓美和新竹时期的14年），因此被誉为清华的"终身校长"。

韩咏华在《同甘共苦四十年》中写道：

1931年冬，月涵在留美学生监督处任监督三年后，当时的教育部长李书华请他回国主持清华大学的工作，继翁文灏代理校长之后任校长，时年四十二岁。留美学生监督一职由赵元任先生接替。这一消息传来后，许多美国朋友都不以为然，也舍不得他离开。美国人认为做校长就是做官了，他们说：'梅先生不是做官的人，最好继续留在这里。'由于孩子们的学校尚未放假，因此我须稍晚回国，月涵只身先回国赴任。1932年春，我才带着孩子们回来。从此直到1937年卢沟桥事变爆发，六年间月涵一直任清华大学校长。那时的清华不设副校长，所以他的工作是十分繁重的，但也是比较顺利的。在这以前，清华的学生和教师赶校长、赶教授是常见的事，校长在任的时间都不长。从一九一一年清华学堂开办时起，大约换了十余任校长，有的只做了几个月，有的还没上任就被抵制了……

月涵担任校长后，他的生活几乎就只有做工作，办公事，连吃饭

20世纪二三十年代的清华二校门（校牌题字谭延闿）。

时也想着学校的问题。工作之余就是看看报纸，也未见他看过什么小说之类的东西。从留美监督处回国后，几乎几年都没有什么娱乐活动。月涵很喜欢听京剧，但任校长后看戏的机会也少了，只在进城开会留宿时才偶尔看看。他对生活要求很简单，从不为穿衣吃饭耗用精力，也不为这些事指责家人。年轻时还喜欢打打网球，后来就没有任何体育活动了。我们住在清华校长住宅甲所时，宅旁有一小片土地，月涵把它

20世纪30年代的清华甲所——老清华的校长官邸，当年学校的重要会议皆在此举行。

开辟为小花园，每天清晨起来自己去收拾花草，既是爱好，也是锻炼身体。他特别喜欢一种倒垂下来的叫作"倒草"的绿色植物。有一次他出去开会两个星期，回来后发现倒草枯死，真的动气了。

任校长期间，月涵廉洁奉公的作风仍像在监督处一样。过去甲所住宅的一切日用物品，包括手纸都是由公家供给的，有公务人员按时送到。月涵继任后一切全免，公私分清，私宅的一切自己掏钱。我和月涵一起进城时可以坐他的小轿车，我一人进城时永远乘班车，从未要过他的小车。

月涵对学校的安全和学生的学习环境很为关切，千方百计地创造并维持一个宁静的学习环境。他极力设法避免外界对学生学习的任何干扰，只要是他能够做到的，他都亲自去管。在日本帝国主义侵华之前，月涵为防备军阀骚扰教育事业，就有护校的措施。有时他亲自和陈福田、毕正宣等先生巡逻校园，直到深夜。

教授治校

梅贻琦治校的基本思想是民主治校，也称教授治校。这一思想早在20世纪初期蔡元培出长北大时就已奠定基础并已开始施行了。在清华，早在梅贻琦出任校长前，教授治校的思想就已有萌芽，但难能可贵的是，只有梅贻琦无视自己的权益必然要受到削减的事实，完全接受了它，并全力地加以扶植。

关于教授治校体制，曾任清华大学法学院院长的陈岱孙先生在《三四十年代清华大学校务领导体制和前校长梅贻琦》一文中，有过详细的回忆：

在一九三〇年至一九三一年间，（教授治校）这个体制迅速形成。它的组

1932年的清华评议会（前排左起：王文显、叶企孙、蒋廷黻、冯友兰、主席梅贻琦、张子高、陈达；后排左起：浦薛凤、陈岱孙、杨公兆、吴有训、杨武之、萧蘧）。

织基础就是上面已经说过的教授会、评议会和校务会议。教授会由全体教授副教授组成。在成文的规程上，教授会的权限很简单，只包括：审议教学及研究事业改进和学风改进的方案；学生成绩的审核及学位的授予；建议于评议会的事项及由校长或评议会交议的事项；互选评议员。教授会并不经常开会，但对校内发生的大事，教授会是主动过问的。教授会由校长（无校长时，由执行校长职务的校务会议）召集和主持，但教授会成员可以自行建议集会。

评议会是这个体制的核心，以校长、教务长、秘书长、各学院院长及教授互选之评议员若干人组成。互选之评议员人数比当然成员的人数规定要多一人。同时，各院院长都由教授会从教授中推荐，教务长习惯上也由教授中聘任。评议会实际上是教授会的常务机构，其职权包括：议决大学的重要章制；审议预决算；议决基建及其他重要设备；议决学院、学系设立或废止；议决选派留学生计划和经费分配；议决校长和教授会交议的事项。评议会是校内最高的决策、立法和审议机构。主要的法案、章制都由评议会动议、制订。在法定地位上，评议会还是校长的咨询机构，但由于校长是评议会主席，其他校务会议成员都是评议会当然成员，评议会的决议对于校各级行政领导是有一定的约束力的。如果说清华这个领导体制是当时所谓"教授治校"的典型，则"教授治校"的作用就是通过评议会职能而表现的。

由校长（在无校长时由会议另一成员代理）主持，并由教务长、各学院院长参加的校务会议是行政的审议机构。它的主要职能是议决一切通常校务行政事宜，协调各学院、学系间的问题等。

朱自清先生在《清华的民主制度》中，高度肯定了梅贻琦之于教授治校的意义。他说：

我们虽生在一个民主的国家里，可是真正建立在民主精神上的组织，似乎还只是极少数。在这极少数当中，清华大约可以算得上一个。在清华服务的同仁，感觉着一种自由的氛围气，每人都有权利有机会对学校的事情说话。这是并不易得的。

清华的民主制度，可以说诞生于十八年（1929）。十八年到二十年（1931），这两年多实际上没有校长，但学校一切，如常的进展。于是从民主精神的表现，到民主制度的确立，这中间曾经过一回大风险，居然安稳地度了过去。但这制度究竟还是很脆弱的，若是没有一位同情的校长支持的话。

梅月涵先生便是难得的这样一位同情的校长。他和清华关系之深，是大家知道的；他爱护清华之切，也是大家知道的。但难得的是他知道怎样爱护清华，他使清华在这七八年里发展成一个比较健全的民主组织。在这个比较健全的民主组织里，同仁都能安心工作，乐意工作。他使同仁觉着学校是我们大家的，谁都有一份儿。

有人也许惊奇，为什么梅先生在种种事件上总不表示他的主见，却只听大家的。是的，这的确可惊奇。但是可惊奇而且可敬佩的是他那"吾从众"的态度和涵养。他并不是没有主见的，只看抗战以来，教授会、评议会不得已而暂时停顿的时候，他的种种措施，就可以知道。但教授会和评议会的停顿，究竟是清华民主制度的损失，虽然校务会议还存在着。

梅先生比别人更明白这种情形。在学校迁到昆明第二年，一切渐入常轨的时候，他便和校务会议诸先生决定恢复教授会和评议会。一年来开会虽然还不多，但清华的民主精神已经重新活跃起来了。相信在梅先生领导之下，清华的民主机构，最近的将来就会恢复常态的。

但这个民主的机构，由大家的力量建成，还得大家同心协力来支持；梅先生和校务会议诸先生虽然领导有方，但单靠校长和少数人还是不成。只要同仁都能像梅先生一样爱护清华，并且知道怎样去爱护，一切顺其自然，不去揠苗助长，清华的民主制度，前途一定是光明灿烂的。

致全体校友书

从梅贻琦出任校长至抗日战争爆发的六年间，清华各方面都得到了突飞猛进的发展，因此这一时期被清华校友们称为清华的"黄金时代"。1936年4月，当清华在北平庆祝建校25周年的时候，梅贻琦曾以《致全体校友书》一文向海内外校友报告学校在此段时期中所取得的成就。

琦以民国二十年秋，奉教部之召，自美返国，继翁前校长之后，勉承其乏。光阴荏苒，瞬及五载。自维德薄能鲜，无多建树；且此五年之中，国难日趋严重，因而校外事务之因应，至为频繁，尤令琦生时力不继之感。所幸一切校务，上承政府当局之指导，内有全校同仁之辅助，外获校友诸君之策励，用能于环境困难之际，逐渐发展。此则琦之私心至以为慰，而亦深感各方之合作者。兹者，忻逢本校二十五周年纪念之期，举校欢忭；我散处全球之数千校友，亦将同于此日此时，致其热烈之庆祝，一以纪念过去之艰难缔造，一以憬念未来之发荣滋长。琦不敏，用将校务进展之现况，与夫将来之计划，择其重要者，分别为我爱护母校之诸校友一言其概略，或亦我校友诸君所乐闻欤。

（一）师资队伍之充实。本校之扩为大学，始自民国十四年，至今不过十年耳。过去五年，正为大学成长充实应经之重要阶段。此五年中吾人所努力奔赴之第一事，盖为师资之充实。吾人常言，大学之良窳，几全系于师资与设备之充实与否，而师资为尤要。是以吾人之图本校之发展，之图提高本校之学术地位也，亦以充实师资为第一义……吾人以为，将欲提高国家学术水准，端赖罗致世界第一流学者来华讲学。是以年来对于此点，尤特注意……

（二）设备之充实。师资与设备为大学之两大要素，前已言之。是以在理论上言，吾人对于设备一端，不能不竭其所能，以求充实。此无他，欲以提高学术地位，有以资研究与教学之便利也。即就事实上言之，本校改为大学，不过十年，一切设备，初欠完善，加以年来学系与师生之人数，日在扩展之中，则设备之充实，为必不可缓矣。至于时局厄杲，吾人非不知之，然而一方面事实上有此需要，一方面吾人亦不宜徘徊瞻顾，趦趄不前，此盖今日办学者所共感之困难，而又无可如何者。无已，则惟有以最经济之标准，应最迫切之需要，庶费不浪用，而事无不举可已……

（三）研究事业之提倡。凡一大学之使命有二：一曰学生之训练，一曰学术之研究。清华为完成此使命，故其发展之途径不徒限于有限之教学，且当致力于研究事业之提倡。此在学术落后之吾国，盖为更不可缓之工作……

（四）经费之调节。清华之经常费用，纯恃美国第一批退还之庚款。因退款

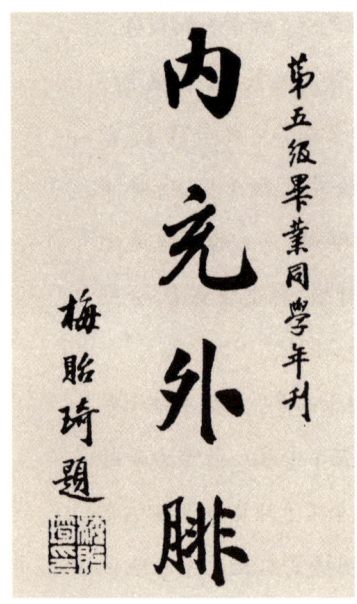

内克外腓

第五级毕业同学年刊

梅贻琦题

1933年梅贻琦为第五届毕业同学年刊题词。

文化遹遭 新理丛生
研窥奥密 陶淑性情
乐道耽艺 腾茂蜚英
勖哉诸子 永保令名

梅贻琦题

1944年梅贻琦为应届毕业生题词。

之能按月领到（实则二十一年二月至二十二年二月曾经停付一年），于是外间不察，遂以为本校经费，异常充裕，其实不然。按本校常年经费，自二十一年起，每年定为一百二十万元，而数年以来，事业扩充，突飞猛进，范围年有增加，如工学院之成立、农业研究所之增设，为需款之尤多者，而经费之总数，依然如故。是以一切开支，至感拮据……

（五）工学院之成立。按本校自改办大学以后，即有土木工程学系（原附设于理学院）。嗣以国家建设猛进，各项工程人才之需要，至为急迫。本校为应付此项需求起见，遂于二十一年呈准教育部，添设机械工程学系、电机工程学系，合原设之土木工程学系，成立工学院。现以工学院之设备而言，则有土木工程馆、机械工程馆、电机工程馆、水利实验馆、航空工程馆，以及一切教学应用之仪器、机械，大体均甚完备。以言师资，则三系现共有教授二十二人，皆于学问经验各具专长。以言学生，则来习者日益增加，本年人数占全校总数三分之一而强。以言学生毕业后之状况，已幸能获得各方之重视，每届毕业以前，即多有承外界预延服务者。此则工学院虽属新近成立，但经院系同人之努力，其基础已立，而将来之发展自无问题也……

（六）与国际学术界之沟通。盖今日之清华，已不仅为国内最高学府之一个，同时亦当努力负起与国外学术界沟通之使命也……

（七）贫寒优良学生之奖助。盖奖助贫寒优秀学生，本为国家教育政策之一，吾人自当极力体行。用是于二十三年度起，每年设立清寒公费生名额十名，清寒助学金名额四十名。前者每名每年津贴国币至多为二百四十元，后者每名每年津贴国币至多为八十元。办理以来，成效尚佳。此外近来校友捐款纪念母校二十五周年纪念，亦有在校设立贫寒学生贷款基金之议，此则尤应代清寒同学感谢校友诸君之厚谊于无涯者也。

（八）校友联络事宜之促进与对于校友职业问题之注意。本校校友之应联络团结，吾人前已一再言之；而校友中感觉需要，痛切言之者，尤不在少。是则校友团结，通力合作以谋母校与国家之幸福与利益，其理至明。至于校友职业问题，尤赖母校与其他校友共同扶助，更不待言……

教育方针

清华于1925年建立了大学部和国学研究院，1929年建立了正规的研究院。但正如陈岱孙先生所说，那时期的清华，基本上还属一所"很有名气但无学术地位"的大学。只是在梅贻琦掌校后，由于施行教授治校、通才教育或者说德、智、体、美、群、劳诸育并进的教育方针，才使清华向一所正规的综合性大学迈进，并迅速跻身于世界名校之林。

1. 智育

梅贻琦推行教育的最大特点是以"通才论"和"大师论"为前提，狠抓学风建设和广泛倡导自由探讨的风气（包括学术自由和言论自由两个中心环节）。具体就是：在正课方面，虽说教学的主要方式是课堂讲授和课下做习题（包括实验），但无论是课内还是课外，则均给学生以充分独立思考、钻研和广泛"自得"知识的机会。这一时期，清华的教授人数多于讲师和助教，授课任务绝大多数由教授担任。大一的普通课程，都是由系上的主要教授担任。如大一国文曾由闻一多、朱自清、俞平伯等教授担任，中外通史由雷海宗、刘崇鋐等教授担任，普通生物学由李继侗教授讲授，普通物理由萨本栋教授担任，普通化学由张子高教授担任。理、工学院有些系则由教授自己带实验课。课堂教学之外，对学生的基本训练也有严格的要求，特别是理工学院，对习题、实验、实习、绘图等都要求严格。如算学系、物理系所授课程都给学生留较重的习题任务。答题不只要求方法对，而且要求演算快，结果准确，按时收缴，对于实验，要求及时写出准确、详尽的报告；对于绘图，要求计算准确、绘制精准。教学上十分注重学习纪律，首先从教授抓起。这时的教师大都是专任，给以较高的待遇，因此非经特殊批准，也不准在校外兼课。教师平时上课极少迟到和缺席，多数教师常年不缺课。对学生，上课要点名，根据教务通则，学生一学期无故缺课（包括体育课）满16小时者，由注册部予以警告，满20小时者即令休学一年。一学期中因任何事故于某学程缺课逾三分之一者，不得参加该学程之学期考试，该学程的成绩以零分计……因此，这时期的教学秩序井然。平时作业多、考试多，是督促学生勤奋学习的两个重要手段。这一时期，仍继承过去一贯施行的严格考试的做法，过去的各种考试形式，如堂上口头提问（作为平时成绩的一部分）、上课后或下课前的十分钟笔试，月考、期考等，仍继续施用。考试严禁作弊。学校规定，学生考试作弊，一经查出，记大过两次。学校还规定，凡不及格的学程，不给学分，亦不得补考。如必修学程不及格，则须于次年重修，隔年重修者，不给学分。

对于以上种种，梅贻琦严格掌握执行。他平日爱护教授，但如有教授违反教学纪律，则不论其名气有多大，也要照章采取措施，直至解聘或期满不再续聘。他常常自己巡视考场，对于学生由于成绩问题直接找他"求情"者，一律严词拒绝。一次，入学考试的命题被一名教授的子弟偷看并泄漏给他的朋友（只有一人），发觉时考生已进入考场，并已开始做题。他得知这一情况后断然决定原题作废，重新命题，考期推迟。在优良学风熏陶下，学生们一般都能养成刻苦、诚实、好学的良好品质。因此，不但这时期清华毕业生都达到了较高的水平，而且这种优良学风一经形成，便得以流传久远。

在人才罗致方面，清华真正做到了"不拘一格"。在通常的情况下，清华招收学生和延聘教授的标准十分严格：教师聘任，需经过校内由专门人员组成的"聘任委员会"；学生入校，一律凭入学考试成绩，靠人情、权势"走后门"、或弄虚作假入学的情况是绝对不允许的。作为一校之长，梅贻琦对于这些成文或不成文的规定，无不严格遵行。他与有关工作人员约定，凡是类似"走后门"的信件，不必呈阅，一律搁置不复。学生在校学习期间的淘汰率也高。例如物理系，从入学到毕业，淘汰率一般在50%以上，个别年份竟高达80%。但是对于真正优秀的特殊人才，学校破格录取或提拔。吴晗、华罗庚、钱锺书都是典型例子。吴晗考学时同时报了清华、北大两校。文科（国文、历史）成绩极优，英语极差，北大照章不予录取，清华则破格录取。华罗庚在清华真正做到了"三破格"：破格把他从一个中学教员"招"进学校听课；入校后，破格把他从行政编制（华罗庚初入校时是在系上当资料员）改为教学编制（做熊庆来教授的助教）；后来，又未经过讲师、副教授阶段而直接聘为教授。

学术自由（自由探讨的风气）是当时清华培养英才的灵魂。这期间，教师与教师之间，教师与同学之间，同学与同学之间自由、平等地讨论学术问题是常有的事。校内各种性质的讲座经常不断，有讲"共产主义不合中国国情"的，也有讲苏联社会主义制度优越性的。1933年，当时国内"白色恐怖"气氛正浓。冯友兰教授去欧洲讲学顺路去苏联观光回来，应学生团体的邀请，纵论"苏联实为进步之国家……所谓唯物史观，吾等决不应轻视，因有绝对真理存于其中"。在20世纪40年代,梅贻琦不顾当局一再警告,可以容许闻一多、吴晗、张奚若等进步教授在校园里进行革命宣传,并多次卫护他们的人身安全。

清华的校园刊物和学生业余社团一直兴旺发达,这也是促进学生智育发展的有效途径之一。改为大学以前,清华的各种学生自办刊物和业余社团即如雨后春笋,多不胜数。大致可分"进德"、"益智"、"健身正仪"以及文化艺术修养等诸多方面。改为大学以后,"与时俱进",各方面都向更高层次发展。在社团方面,属于"益智"类的,大都发展为各系师生所共设之"学会",如中国文学会、外国语文学会、哲学会、史学会、社会学会、物理学会、化学会、算学会、地学会、生物学会、心理学会、政治学会、经济学会、土木工程学会、机械工程学会、电机工程学会等,此外还有文学社、科学社等。校园刊物方面,这时期除一直延续不断的《清华学报》、《清华周刊》、《清华副刊》、《清华暑期周刊》外,每年学生毕业时,照例要出一本图文并茂的年刊。所有这些,无疑对学生的智育教育和实际能力产生了极深刻的影响。

2. 德育

梅贻琦所推行的德育教育,主要是全人格和爱国教育两大项。全人格教育(或称"士"的教育)是这种教育的核心。正如时任清华大学教务长的潘光旦在《论教育的更张》一文中所说:"一个人的独立、完整(或囫囵)的人格还包括心理生活说到的志、情、意和道德生活说到的智、仁、勇等方面。前者可称之为'人格之经',后者可称之为'人格之纬'。所谓'全人格',就是由这些'经纬'编织而成的'完整(囫囵)的人格,而非人格中的某个片断'……"因此,教育必须以每个个人为目的,从每个个人的身上着手。换句话说,教育(尤其是大学教育)的使命,就是针对每个个人的(不是团体的,也不是社会的)不完整或有缺陷的"人格"加以煦育和培养,以期完整人格的实现。这就叫"古之学者为己"(不是"为人",也不是"为群")。因为只有一个一个的"己"的人格完整了,由这种健全的"己"所构成的"群"的品格才能"安所遂生,相位相育,相方相苞",也才可能真正达到"社会安定"的目的。潘先生把这称为"中和位育"(即儒家《中庸》中所说的"致中和,天地位焉,万物育焉")。反过来,由一个个不完全、片面或畸形人格所组成的"群"(包括整个社会)一定是分裂的、偏狭的,甚或是邪恶的。

关于爱国教育,梅贻琦在就任清华大学校长的演说中就告诫学生要时刻不忘国难,他本人则以身作则地做出榜样。1932年,梅贻琦在学校纪念"九一八"大会上发表讲话:

上年此时,本人尚在美京华盛顿,读9月17日的晚报,即得日人在东三省将有动作之消息。盖日人之侵略东北,蓄谋已久,非一朝一夕之故,早惹世人注意。只要留心万宝山等次惨案,处处都可观测出来,何待"九一八"事变之实现。当时对此消息异常注意,以为我方总有一点相当的对待办法。但过了两天,国内毫无动静。或疑为一时之策略,不意始终未予抵抗,这是最令人痛心的。以拥有重兵的国家,坐视敌人侵入,毫不抵抗,诚然勇于内战、怯于对敌,何等令人失望。是以沈阳既去,吉林、黑龙江、锦州随之而陷,大家不要以为目前尚可苟安,殊不知此时敌方时时可以再有动作,或另有阴险图谋。是则形势非常可危。吾们应当深刻纪念,时时注意准备才是。

此后,每有机会,他必以日寇侵略的思想告诫同学。在较长的一段时间内,几乎每次全校性的聚会都是有关抗战或东北情况的内容。上海"一·二八"抗战后,他请曾目睹这次抗战情况的郑振铎(当时在清华任教)在全校大会上讲演。郑先生激昂陈辞:"现在大势如此,无可避免,我们要努力准备着，站在我们面前的是最艰苦、最光荣、最有希望的一次大战争。我们要迎上去，战！战！战！胜利一定是在我们的一边！"这期间，清华校内一直有"教职员对日委员会"的组织。1933年春，当热河失守时，以梅贻琦为主席的清华教授会发出了一则《致国民政府电》，其中说："热河失守，薄海震惊……此次失败，关系重大，中央、地方均应负责，决非惩办一二人员即可敷衍了事。查军事委员会蒋委员长负全国军事之责，如此大事，疏忽至此；行政院宋代院长亲往视察，不及早补救，似均应予以严重惩戒，以整纲纪，而明责任。"在清华学生当中，抗战热情日益高涨，最终在1935年爆发了以北平大中学生为核心的大规模的抗日爱国运动——"一二·九"运动，在历史上留下了不可磨灭的一页。

3. 体育

梅贻琦早在回校任教前期，便是清华体育的极力倡导者和身体力行者之一，这种行谊可溯源到梅贻琦在南开学堂受教时的养成。他曾是清华教师篮球队的队长，也是历年体育运动会的组织者和指导者。20世纪20年代后期，他担任清华暑期体育学校名誉校长。他接任校长后，一如既往，对清华体育事业十分重视。此时期，清华体育在马约翰教授直接主持下，广泛开展工作，确立了"提倡各种运动，促进生理上的健康，训练身体各部的合作，并使个性有适当表现，同时养成良好品行"的指导方针。在当时的高等学校里，清华是极少数把体育课列为必修课，且规定体育课不及格不准毕业的学校之一。为了开展体育教学，学校不惜斥巨资进行场地和设备方面的建设。1932年，清华体育馆的扩建工程竣工，跟着又建设了多处室外运动场地。到1935年，除设备齐全的新、旧两座体育馆外，还拥有了一个带有四百米跑道的标准运动场、两个标准室外足球场、十二个篮球场、一个角力场、两个溜冰场，以及

遍布校园各处的各种运动器械，其规模不但在国内是首屈一指，即使在国际上，也可同西方国家的同类学校比美。

在这期间，梅贻琦常到运动场上去观看或指导学生进行体育锻炼，参加班际、全校或校际运动会。1931年12月28日（就任校长后第28天），他在一次全校集会上说：

前天下午，我曾到操场去看本校球队对燕京球队比赛足球和篮球。这是我回校后第一次去看赛球。这次特意要去，并不是要看谁胜谁负，不过去看看两校运动的精神如何。听说从前校际比赛，往往有不欢而散的事。我们在比赛的时候，决不应存侥胜心与妒忌心，踢进一球，则全场欢呼；被人踢中，便而懊丧。这种表现，是绝对不应有的。平时对于体育，务须注意：要以引起人人对于体育之兴趣为目的，其精神原不在一时比赛之胜负以为荣辱。前天看见大家情形尚好。总而言之，我们运动，用正当的方法，发挥自己的技能，胜了固然可喜，败了亦无可愧。而对于"敌方"，务取光明正大的态度，然后吾们可以提高求胜的品格，然后可以达到吾们提倡体育的真正目的。盼望大家能多注意。[1]

梅贻琦从不把体育看作是"粗腕壮腿"的手段，而是当作"养成高尚人格的最好方法"。这里的高尚人格主要是指群育观念、团体精神、急公好义、守纪律等。1934年11月5日，他请马约翰教授在全校大会上讲演体育，讲演前他作了一个开场白，比较充分地阐发了他的体育思想：

今天请马约翰先生讲述体育问题。体育至关重要，人所尽知，特别在我国目前的国势之下，外患紧迫之时，体育尤应人人去讲求，身体健强，才能担当艰

[1]《国立清华大学校刊》第353号，1931年12月30日。

巨工作，否则任何事业都谈不到。今天马先生欲讲者，一方面要大家明了校内体育设施的状况，同时要大家知道体育在今日之重要。从前教育注意智育、德育、体育三者，后又并重群育，希望养成服务社会、团体合作精神。青年对于学问研究、精神修养各方面，均须有人领导提倡。而体育主旨，不在练成粗腕壮腿，重在团体道德的培养。我国古重六艺，其中射、御两者，即习劳作，练体气，修养进德。后人讲究明心健性，对劳动上不甚留意，是以国势寝弱。吾们在今日提倡体育，不仅在操练个人的身体，更要借此养成团体合作的精神。吾们要借团体运动的机会，去练习舍己从人、因公忘私的习惯。故运动比赛，其目的不在能任选手，取胜争荣，在能各尽其可尽的能力，使本队精神有效地表现。胜固大佳，败亦无愧。倘遇比赛，事前觉得无取胜可能，遂避不参加，忘其为团体中应尽的任务，是为根本错误。[1]

4. 美育

注重美育是梅贻琦教育思想和教育方针中的重要方面。曾是清华中文系研究生的张清常教授回忆说："梅先生办学重视美育，与一般只重德、智、体育的校长相比，眼光似乎更广阔些。"在一个时期内，清华不但在哲学、中文、外文、心理、体育等系（部）的课程中设置多种属于美育方面的学程，由像邓以蛰、朱光潜、俞平伯、王文显、郑振铎、谢冰心等艺术大家担任相关课程的讲授，而且还设有音乐室、谷音社（业余研究和实践中国古典戏曲的团体）等许多校设或民办的文学艺术团体。聘溥侗（红豆馆馆主）担任古典戏曲、古典美术和古典音乐的指导教师，聘古普克（德籍）担任钢琴指导教师，聘托诺夫（俄籍）担任小提琴指导教师。加上学生当中的业余社团（文学社、

---

[1]《国立清华大学校刊》第619号，1934年11月12日。

美术社、歌咏团等）及其经常举办的讲座、表演、展览等, 使校园生活处于弦歌长鸣的氛围之中。张清常先生回忆说:"一院的走廊上, 每隔三五步就是一幅小镜框, 挂着彩色图片, 有世界名画, 还有国内名画。我记得有一幅是玄奘的像, 使我们对这样一位以毕生精力献身于中印文化交流、品德高尚、学问渊博、译述宏富的人, 肃然起敬。"

梅贻琦的美育思想, 在抗战胜利以后表现得尤其充分。清华复员伊始（1947年）, 他就在冯友兰、邓以蛰、梁思成、陈梦家等艺术大家的倡导和襄助下, 拟定了设立艺术史研究室和博物馆的计划书; 1948年9月, 他又在《关于增设艺术系呈教育部文》中说:"盖本校拟设之艺术系, 非为注重技术之训练, 实欲增进青年对于吾国固有文化之了解与青年性格之陶冶。"同时, 他在《清华文学院拟加设艺术系计划及理由》中写道:

　　按我国古代教育, 礼乐并重。礼所以范围人之行为, 乐所以陶冶人之性情, 使其改过迁善而不自知。厥后乐教失传, 而他种艺术代兴, 尤以书画一项蔚为世界大宗。我国以积弱之余, 惟历代之艺术品, 尚能引起世界之尊敬。有识之士, 见我国人在此方面之成就而知我民族精神力量之伟大。我国人所可因以自豪以恢复民族自信心者, 亦惟在于此。本校现在教授中如梁思成先生之于中国建筑, 邓以蛰先生之于中国书画, 陈梦家先生之于钟鼎彝器, 皆一时名家, 惟因散在各系, 研究未能集中, 学生亦不能作主修研究。如就北平之环境, 以清华已有人才为基础, 加设艺术系, 在本校经费中不过增加十余名教员名额, 而其效则可训练此项专门人才, 且使本校他系学生, 在美育方面可得相当之陶冶, 当属事半功倍。[1]

---

[1] 原件存清华大学档案馆, 另见清华大学校史研究室编《清华大学史料选编》（第4卷）, 清华大学出版社1994年版, 第184~186页。

5. 群育

梅贻琦的群育思想时有表露。但他的群育思想的内容,与一般所理解的那种所谓"集体化"、"社会化"等并非同一事,因为过分强调"集体",在有些方面或许会取得合力之功,但对于学子的学习生活却不能取得"自得"之效。梅贻琦群育思想的着眼点在于性情之陶冶与全人格之养成等方面。

梅贻琦在1935年9月的一次师生集会上讲话,说:"平时因课务甚忙,求抽出时间,使师生常常聚会,很不容易……大家借此机会晤面亲近,表现出团体生活精神,且集合、唱歌、听讲,于陶冶性情,增进知识两方面,同时可以得到。"在《大学一解》中他把"群育"思想作了更加深刻的表述:"夫友,所以袪孤陋,增闻见,而辅仁进德者也。个人修养之功,有恃于一己之努力者固半,有赖于友朋之督励者亦半。"但"近代之教育,一则曰社会化,再则曰集体化,卒使黉舍悉成营房,学养无非操演,而慎独与不自欺之教亡矣"!

6. 劳育

梅贻琦的劳育思想,当然不是着眼于让学生参加多少体力劳动(在清华学校时期,校长曾将修路、植树等体力劳动看作培养学生劳动观点、造就学生全人格的重要手段之一),而是要学生自觉养成吃苦耐劳的精神,以准备担负建国治国大任。除在就职演说中关于简朴校风的论述外,1933年9月,梅贻琦在秋季开学典礼上讲话时强调:

近来外间对本校常有批评,说是环境太舒适。这恐怕也是事实,因见有些同学在校四年,毕业后,仍不愿他适,甚或有了事,因为事情太小,或居住不方便，而不愿去就。吾们负教导责任的，听了十分惭愧。虽说本校设备上及卫生方面，或许比较讲究一点，但是吾们的本意，不过为使诸君能借此增进健康，减少疾病，这是吾们所希望的。如以为环境舒适在此享受，将来到社会上便不能吃苦，不愿吃苦，则非所望于诸君的。诸君新到校的，特别要认清这一点。

1934年12月，他在一次全校集会上又说：

近来有多位同学回校，谈及毕业同学在外服务者，做事均能努力，成绩都很不错，惟于吃苦耐劳上每觉稍逊。校中教室宿舍，以及图书馆等等设备布置，力求实用完备，使大家可以安心地去工作，借以增进个人求学的效率。但是

梅贻琦任清华大学校长时的学生毕业证书。（邱灿融 摄）

吾们要记住，外面的环境像这里的很少，大家要准备着出去受劳苦。倘在校养成享受习惯，出外不耐劳作，则殊自误。

在《工业化的前途与人才问题》一文中，梅贻琦又从另一角度谈到养成劳动观念的必要性："在抗战期间的后方，某一个学校里新添了几间房子，电灯还没有装，因为一时有急用，需要临时装设三五盏，当时找不到工匠，管理学校水电的技师也不在，于是就不得不乞助于对于电工有过专门训练的两三位助教。不图这几位助教，虽未必读过旧书，却也懂得'得成而上，艺成而下'与'大德大官，大道不器'的道理，一个都不肯动手，后来还是一位教授和一位院长亲自动手装设的。这些助教就是目前大学理工学院出身的，他们是工程师，是研究专家；工程师与研究专家，自有他的尊严，又如何可以做匠人的勾当呢？这是在社会心理上好高骛远的例子。"

六　联大八年（1937~1946）

西南联大时期的梅贻琦。

1937年7月7日，卢沟桥事变发生，抗日战争全面爆发。当时梅贻琦正在庐山参加蒋介石召开的谈话会。后来，梅贻琦在《抗战期中之清华》一文中回忆了当年的情况：

本校因地处平西，毗连宛平，当七七之夜，敌人进攻卢沟桥，枪炮之声，校内清晰可闻。斯时正当暑假，一二三年级学生在西苑兵营集中受军事训练，四年级已毕业学生，为谋职业及准备研究院与留美公费生考试，留校者约二百余人，教职员除少数南下参加庐山谈话会与作短期旅行者外，大部分仍留校中，对于时局演变，严切注意，校内秩序，则力予维持。自七月八日至二十七日，地方当局举棋不定，谣言繁兴；迨二十八日我军后撤，北平遂于二十九日沦陷矣。当二十八日晨，敌机大举轰炸西苑，同日午前，二十九军与敌战于沙河，炮弹有落入园内者；迨二十九日，我军退出北平之讯证实，留校同人，乃纷纷向城内迁徙，学校情形，暂时最为惊慌，盖敌军所在，已去本校不远，随时有窜扰之虑。斯时也，琦已由庐山到京，因平津交通中断，无法北上，除与校中同人函电询商外，日惟向京中各方探取消息，每闻及沙河激战，西苑被炸，念我介乎其间之清华校园，不知被破坏至何程度矣。

抗战前夕,梅贻琦检阅学生军训队伍(梅身后左为潘光旦,右为冯友兰)。

1937年之清华大礼堂。

1937年之清华学堂。

1937年之清华大图书馆。

1937年之清华工字厅。

抗战初期梅贻琦与校内外的函电往来

胡适密电告校内平安（7月11日，南京—上海）

沧州饭店梅月涵校长：学密。裴君电告由温德君转述光旦洗，清华平安，仅有日兵官来问有无军器，并欲购校马；并劝告校款勿外汇，以免谣传被日军提取。职员出入无阻，携物者须经检查。据云日军尚有礼貌。人心稍安。适，真。

潘光旦、沈履急电盼速返校（1937年7月14日，北平—牯岭）

牯岭。教育部办公处急转梅校长月涵钧鉴，和平望绝，战机已迫，盼急设法绕道正太平绥返校。光旦、履，寒。

胡适密电告校内平安。

潘光旦、沈履急电
盼梅贻琦校长速返校。

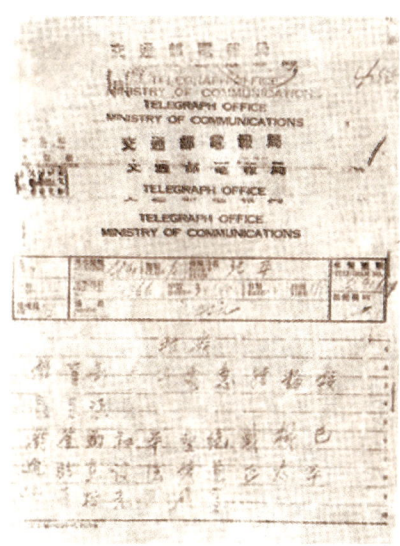

北平各大学负责人密电分析华北局面（1937年7月15日，北平—牯岭）

仙岩客寓蒋梦麟、胡适之、梅月涵先生，学密。就同人观察，华北局面症结在地方最高当局对中央尚有疑虑，深恐地方对日决裂后中央反转妥协退（原文如此），使地方进退失据。务请向介公（蒋介石）进言，对地方作具体表示，俾祛除此种疑虑。华（李书华）、韦（陆志韦）、燕（李燕）、逵（樊际昌，字逵羽）、钊（查良钊）、宝（梅贻宝）、履（沈履）、旦（潘光旦）、挺（郑天挺）。

附：李书华等21教授密电庐山，要求维护国权（1937年7月16日，北平—牯岭）

张岳军秘书长转谈话会诸公公鉴：学密。卢沟桥抗战以来，全国振奋，士气激昂。几日来，忽有天津谈判之举。敌人重兵深入腹地，城下之盟，求不丧权辱国，岂能幸免。务请一致主张贯彻守土抗战之决心，在日军未退出以前，绝对停止折冲，以维国权。不胜祷切。李书华、李燕、李麟玉、陆志韦、徐炳昶、袁同礼、查良钊、赵畸、罗隆基、孙洪芬、方石珊、关颂韬、潘光旦、袁敦

礼、梅贻宝、郑桐孙、张贻惠、饶毓泰、沈履、樊际昌、郑天挺同叩。铣。

密电潘光旦告中枢意向（1937年7月17日，牯岭—北平）

北平清华大学潘教务长，学密，今早重要会议，当局表示坚决，并已有布置。对地方当局极信赖、维护。津方谈判早有传闻，且有芦线撤兵说，不知究何如。日内与蒋徐商，行程或先赴京再定。琦，筱。

潘光旦、沈履电再告校内情况（1937年7月22日，北平—南京）

蓝家庄二十四号赵元任转梅月涵先生：市民、校内均尚镇静，校事能维持，《大公报》便衣队消息系谣误。学校大计盼在京与当局探商，时局若不过紧，希返校一行。旦、履，养。

沈履急电告校内安排（1937年8月1日，北平—南京）

急。南京教育部转梅校长月涵钧鉴：俭电部谅悉，艳晨教职员学生眷属大部入城，有负责人留校，要件、款大部均妥存。迄午夜校内平静，陷至东晨，城郊交通、电话尚阻，据报载迄世止情形照常。履，东。

教育部密电关于筹组长沙"临大"事（1937年8月14日，南京—牯岭）

花旗贝当路12号梅月涵、顾一樵先生鉴，学密。政府拟在长沙设临时大学一所，特组织筹备委员会，敦聘先生为委员，定于八月十九日下午四时在本部召开预备会，届时务希出席为盼。教育部，寒。

复电教育部告请庄前鼎暂代出席会议（1937年8月18日，牯岭—南京）

南京教育部周次长鉴：寒电昨到，现交通困难，无法赶到，拟请庄前鼎兄代表。琦、琇，巧。

急电庄前鼎请代出席会议（1937年8月18日，牯岭—南京）

南京三元巷二号庄前鼎兄鉴，皓下午四时部有会议，弟不能赶到，请代表出席，并将结果电示。琦、琇，巧。

隐语函叶企孙关于抢运图书仪器事（1937年8月22日，长沙—天津）

企孙仁棣惠鉴，兹乘燕京秘书黑格女士返平之便，附上致倪孟杰兄函稿及书籍、仪器详单一份，请便中到平时即与接洽，设法与其他箱件运出为盼。子高（张准，字子高）想已早抵平，上月杪协和之阚莫然大夫返平，托其带与兴华公司一函，兹附函稿，足下与子高或已与接洽，此信不过欲其安心耳。最近闻南开已有数百箱运往香港，其办法此间尚无详报，我校东西应如何运来，惟诸君就地决定，即运费稍多，如能手续单简、稳妥，亦殊值得。各件运往香港时可交屠双（字仲鱼），住址为皇后道公主行西南运输公司，不久联大将派人驻港，目前尚无专人办运输也。

琦下月初或须赴渝一行，目前各研究所（农业、航空、无线电、金属，普查）已均在进行，新所人选亦有相当把握，待弟来后再详谈。

教部密谕关于临大负责人任命事（1937年8月28日，南京—长沙）

奉部长密谕："指定张委员伯苓、梅委员贻琦、蒋委员梦麟为长沙临时大学筹备委员会常务委员，杨委员振声为长沙临时大学筹备委员会秘书主任"等因。奉此，除分函外，相应达照为荷。

王世杰密电关于推举临大负责人事（1937年8月29日，南京—长沙）

临时大学张伯苓、蒋孟邻、梅月涵、杨今甫诸兄惠鉴。化密。组织规程第五条规定：常委一人负执行责，在使常委会议之决议对内对外随时有人执行，不必遇事临时推人。此为合议制度应有之办法，否则将缺乏灵活与统一。

王世杰密电关于推举临大负责人事。

兹拟请诸兄互推一人,以便照章指定。如虞一人偏劳,则每隔两月重推轮任亦可。倘尚有其他意见,亦请见示为荷。

胡适来函关于临大筹备各事(1937年8月30日,南京—长沙)

伯苓、月涵两先生:

临时大学第一区的事,孟邻兄因体气未复原,又因老父年近八十,不愿他在此时远离,故他一时不能来湘与两公共同努力,他甚以为憾事。他现在杭州,想不久或可来京转湘参加。此时所应做的事甚多,他全权委托樊逵羽兄来湘代劳。

逵羽今日有信与枚荪兄和我。他说,临时大学实行时,"虽职务各有分配,而运用应有中心。伯苓先生老成持重,经验毅力为吾人所钦佩,应请主持一切,"孟邻兄此意出于十分诚意,我所深知。我们也都赞成此意。所以我把此意转达两公,伏乞两公以大事为重,体恤孟邻兄此意,不要客气,决定推伯苓先生为对内对外负责的领袖,倘有伯苓先生不能亲到长沙之时,则由月涵兄代表。如此则责任有归，组织较易推行。请两公考虑。

我此时因政府颇有意把我充军到海外去[1]，所以不能来，只好在此为两公及孟邻兄做一个驻京代理人。规避之咎，死罪死罪，千乞原谅。

弟　胡适（南京　北京路69号）

朱自清来函关于系内人事安排事（1937年10月16日，南岳—长沙）

校长先生：兹有数事，敬陈如次：

（1）中国文学系助教张恒寿原定教授大一国文，现在临时大学新生甚少，许骏斋、李嘉言二君已可全部担任，拟去信请其不必南来。

（2）闻一多先生原定国内休假，现因教授南下者不多，拟请其展缓休假一年，来临大任课。如承同意，请即函知闻先生，为感。其通信处为武昌磨石街，新二十五号。

（3）中国文学系助教毕铎，原定帮助闻先生于休假期中进行诗经字典工作。现拟请闻先生延缓休假，拟即去信请其不必南来。

（4）临时大学尚缺文字学教员一人，拟由清华聘陈梦家先生为教员，薪额一百二十元，担任此类功课。陈君系东南大学卒业，在燕大国学研究院研究二年，并曾在该校任教一年。其所发表关于古文字学及古史之论文，分见于本校及燕大学报，甚为前辈所重，聘请陈君，不独可为临时大学文字学教员之需要，并可为本校培植一研究人才。倘承同意，至为感荷。

（5）杨遇夫（杨树达，字遇夫）先生请假一年，希望仍保留休假权利。是否可行，乞酌定迳复杨先生或由清转告。

以上五事均经与芝生（冯友兰，字芝生）院长商谈，业承芝生先生同意。

……

---

[1]指南京政府有意任命他为驻外使节。

朱自清来信告数事及梅贻琦批复。

朱自清敬启　十月十五日

梅批：一、二、三、四项均可照办，关于（二），应函闻先生；（四）发聘函与陈君，盖校长印章；五项不能保留。应函朱先生，请转知。

函闻一多请返校任课（1937年10月20日，长沙—武昌）

武昌磨石街新25号闻一多先生。

一多先生大鉴：敬启者，本校现在长沙加入临时大学合组授课，一定于十一月一日正式上课。查先生原定本年度国内休假从事研究。惟现以此间中国文学系教授南来者不多，拟请台端展延休假一年，前来临大任课，以利教务，敬希赐示，敬希察允。尊驾何日莅湘？并希赐示，至为跂盼。专此敬颂教祺。

梅贻琦　谨启　十，廿

吴有训来函请聘林家翘等事（1937年10月21日，南岳—长沙）

月涵校长先生钧鉴：物理学系助教孙珍宝、傅承义及熊大缜三君，一时不克到湘，而任之恭教授及孟昭英先生所进行之无线电方面工作，需人助理，拟请林家翘君代理物理学系助教，月薪八十元，自九月起薪。林君为本校本年度毕业生，为物理系办理以来最优秀学生之一，平均成绩在95分以上。专此上陈，希台察是幸。敬请钧安。

吴有训　十月廿一日

梅批：照发聘函（廿六年九月至廿七年七月）。

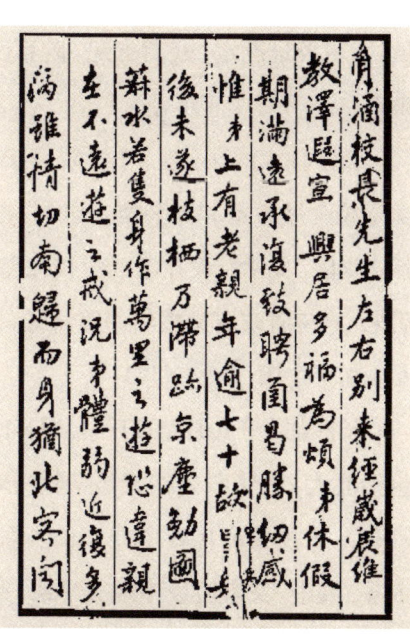

叶企孙来信报告数事（首页）。　　俞平伯来信告知不能南下。

从长沙临大到西南联大

1. 长沙临大

1937年北平沦陷后,国民党政府命令清华、北大、南开三校南迁湖南,合组长沙临时大学。清华校长梅贻琦受命于8月底由南京抵长沙负责筹备。根据教育部制订的长沙临时大学筹备委员会规程,以北京大学校长蒋梦麟、清华大学校长梅贻琦、南开大学校长张伯苓、湖南教育厅厅长朱经农、湖南大学校长皮宗石及教育部代表原青岛大学校长杨振声为筹备委员,于1937年9月中旬组成长沙临时大学筹备委员会,北大、清华、南开三校校长任常务委员,负责校址勘定、经费支配、院系设置、师资招聘、学生收受及建筑设备等事宜。

长沙临大的法、理、工学院设于长沙湘江之畔,租借地处韭菜园的圣经学堂校舍做教室和办公楼。当时三校同学赶来长沙上课的不过数百人(不包括文学院,文学院设在圣经学校在衡山脚下的另一处校舍),校舍足敷使用。后来,湖南省政府又拨给一座营房(四十九标)并租借涵德女校,分别作为男女生宿舍之用。

长沙临大于10月25日开学,11月1日正式上课。全校共有学生1452人,其中包括北大、清华联合在武昌招收的新生及南开附中升班新生114人,借读生218人。三校教师共有148人。长沙临大共设文、理、工、法商四个学院,共17个系。其中,文学院设中国文学系、外国语文系、历史社会系、哲学心理教育学系,院长为冯友兰;理学院设物理学系、化学系、算学系、生物学系、地质地

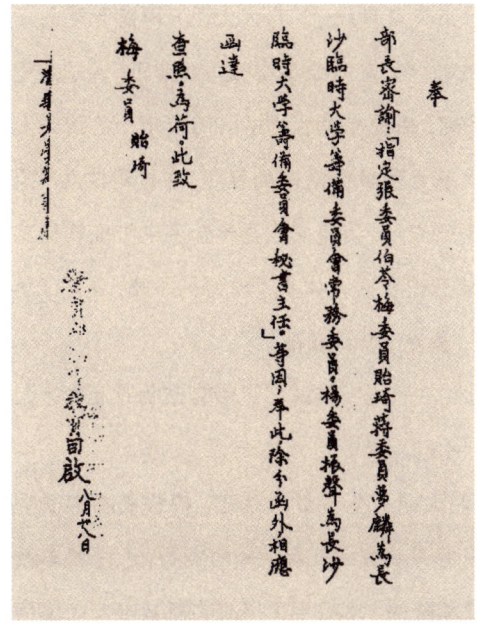

教育部关于长沙临时大学筹备委员会人事任命的密谕。

理气象学系，院长为吴有训；工学院设土木工程学系、机械学系、电机工程学系、化学工程学系，院长为顾毓琇；法商学院设经济学系、政治学系、法律学系、商学系，院长为陈序经。

1937年12月13日，南京沦陷，战火逼近长沙，立足未稳的临大师生被迫再次转移。

相关链接

当时，在三位校长中，论资排辈，梅先生居末位。但因南开校长张伯苓长期住在重庆，北大校长蒋梦麟只偶尔来昆明，校务重担事实上只能由梅先生承担起来。大学联合是一种新生事物，在过去是不能想象的。抗战一开始，上海的复旦和大夏曾一度联合内迁,但到目的地后不久就散伙了。北大、清华和南开既已正式联合,问题就成堆出现。首先,三校的教学力量和设备有相当的差距。为了避免由于一校的分量过于突出可能引起的问题,梅先生没有把所有随校南迁的清华人员都放入联大编制内,他利用庚子赔款基金所拨给清华的经费,在昆明建立了国情普查、农业、航空、无线电、金属学等研究所,使清华人员参加了这些机构的工作,减少了清华在联大中的名额,从而使三校在联大体现了较好的平衡,促进了学校内部的团结,为嗣后八年的顺利合作,奠定了初步基础。

——吴泽霖:《记教育家梅月涵先生》

抗战期间,物价上涨,供应短缺,联大同人生活极为清苦。梅校长在常委会建议一定要保证全校师生不断粮,按月每户须有一石六斗米的实物。于是租车派人到临近各县购运。这工作是艰苦的,危险的。幸而不久得到在行政部门工作的三校校友的支援,维持到胜利。这又是一桩大协作。

在昆明生活极端困难的时候,清华大学利用工学院暂时不需用的设备设立清华服务社,从事生产,用它的盈余补助清华同人生活。这事本与外校无关。梅校长顾念联大和北大、南开同人同在贫困,年终送给大家相当于一个月工资的馈赠,从而看出梅校长的公正无私。

梅校长生活朴素,他的那件深灰色的长袍在四季皆春的昆明,是大家天天看得见的。一九四一年七月,我和梅贻琦、罗常培两先生在成都准备转重庆回昆明,梅校长联系成飞机票,恰好又得到搭乘邮政汽车的机会。邮车是当时成渝公路上最可靠的交通工具。梅校长觉得邮车只比飞机晚到一天,既可以三个人不分散,还可以为公家节约两百多元,于是坚决退了飞机票。这种宁可自己劳顿一些而为公家节约的精神,是可贵的。简朴正是他的廉洁的支柱。

——郑天挺:《梅贻琦先生和西南联大》

长沙临大校舍——圣经学堂。

长沙临大初建时租借的临时校舍——"四十九标营房"（男生宿舍）。

相关链接

自北平沦陷，战祸延长，我政府教育当局，爰于八月中命本校与北大、南开合组临时大学于湖南长沙。琦于八月底赴湘筹备……长沙临时大学乃于十一月一日开学。本校学生到者六百余人，教职员到者百八十余人。烽火连天，弦歌不辍，虽校舍局促，设备缺乏，然仓猝得此，亦属幸事……乃敌人破坏计划，渐及我后方，长沙虽去前线尚远，亦因空袭时来，渐感不安，二十七年（1938）二月，临时大学又奉命迁于云南省会之昆明。四月底全部到达，改名为西南联合大学，本校学生到者六百余人，同年七月毕业者二百余人。教职员除由湘随来者外，由平南来者，又增数起，共达二百人以上。在教学方面，院系之分设，系参酌三校原有情形，共分四院：文、法、理、工；十八学系：中国文学、外国语文、历史社会、哲学心理、物理、化学、生物、数学、地质地理气象、法律、政治、经济、商学、土木、机械、电机、化工、航空。去夏复遵部令，设立师范学院，以教育系并入该院；今年二月，在电机系附设电讯专修科。

……至清华之事业，近年以来，吾人在平时即认为，学校在充实大学本科各系之外，应并注重于研究工作之推进，故南迁以后，除农业研究所（原设清华园）、航空研究所（原设南昌）、无线电研究所（原设汉口、长沙）均次第迁设昆明外，更因地方与时势之需要，于去秋添设国情普查及金属学二所。凡此五所，现均布置大致就绪，工作已有相当进展，虽设备方面，一时因经费与时间所限，未能尽敷工作之需要，但同人之努力，益行紧张，以求适应环境，于抗战期中对国家多少有所贡献。

——梅贻琦：《抗战期中之清华》

1937年12月13日，南京陷落。不久，武汉又告急……为了让学校能够继续办下去，必须选择一个比较安全的地方并从事有组织的迁移……常委会经反复研究，决定迁往云南省会昆明。

——西南联合大学北京校友会:《国立西南联合大学校史》

1937年底,战火逼近长沙。学校考虑昆明远离前线,便决定西迁昆明。1938年2月临大第一学期结束后,师生便启程赴昆。由于战时内地交通困难,除了女同学和体弱男同学由粤汉铁路到广州经香港、越南入滇外,男同学二百余人组织了湘黔滇旅行团,在闻一多等先生率领下,经过两个多月三千多里的长途跋涉,从长沙步行到昆明。

——清华大学校史编写组:《清华大学校史稿》

2. 在这风雨飘摇之秋

长沙临时大学成立后不到半年,长沙吃紧,1938年5月,三校又西迁昆明合组"国立西南联合大学"。梅贻琦与北大校长蒋梦麟、南开校长张伯苓、教育部代表杨振声一起组成常委会,原定三校校长轮流担任主席,却因蒋、张长期驻渝另有任用,事实上常委会主席一职始终由梅担任。"偏安"八年,梅贻琦进一步发挥了他的办学才能,团结具有不同历史、不同学风、不同性格的三校师生,使他们能够在政治、经济和生活极端困难的条件下相互扶持,"八年之久,合作无间;以兼容并包之精神,转移一时之风气,内树学术自由之规模,外来民主堡垒之称号,违千夫之诺诺,昨一士之谔谔",终把西南联大办成了"中国战时高等教育体制的杰作"。

在战前相对稳定的年代,梅贻琦治校一般采取"无为而治"、"吾从众"的态度,处理问题非常慎重,多方考虑,决不轻率表态。在许多会议上,他一向只听别人的意见,自己却一言不发。在别人催促他时,也往往不立即答复,

1938年4月，梅贻琦迎接到达昆明的由黄师岳师长率领的联大师生步行团。

西南联大湘黔滇旅行团到达昆明时，校领导与旅行团教师和护送部队军官合影。前排左起：黄钰生、李继侗、蒋梦麟、黄师岳、梅贻琦、杨振声、潘光旦；中排左起：李嘉言、毛鸿、卓超、许维遹、闻一多、总务负责人、副医官；后排左起：吴征镒、徐行敏、邹振华、杨石先、袁复礼、沈履、曾昭抡、郭海峰、护士、毛应斗。

抗战期间，清华驻昆办事处领导人员合影。右起：特种研究所主席叶企孙、文学院长冯友兰、理学院长吴有训、校长梅贻琦、法学院长陈岱孙、教务长潘光旦、工学院长施嘉炀。

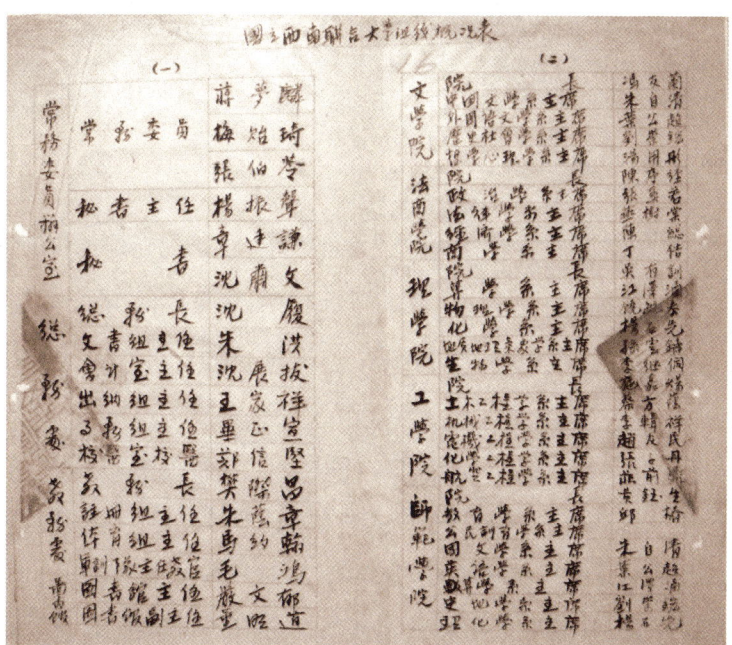

西南联大组织概况表。（邱灿融　摄）

以至许多性急而又不了解他的人说他优柔寡断和不敢负责任,而了解他的人则半开玩笑地称他是"寡言君子"。

而现在,情况变了,三校师生千里迢迢来到西南边陲,平地起家,在物资设备匮乏、面临敌机轰炸威胁和师生生活艰苦的情况下,如何组织有效的教学,安排好教职工的生活,如何在校内外复杂的政治、思想、学派等矛盾中,稳定师生情绪,维持学校秩序,并使校务各方面都有发展,这些事千头万绪,又无前例可循,亟待他果断、妥善地加以处理。在这种情况下,梅贻琦一反往常的"沉默",以务实精神、果断态度直面校务中的各种问题。1940年,他在一次聚会上表态说:

在这风雨飘摇之秋,清华正好像一条船,漂流在惊涛骇浪之中,有人正赶上驾驭他的责任,此人必不应退却,必不应畏缩,只有鼓起勇气坚忍前进,虽然此时使人有长夜漫漫之感,但我们相信不久就要天明风停,到那时我们把这船好好开回清华园,到那时他才能向清华的同人校友"敢告无罪"。

3. 肠一回而九折

发动并依靠全体校友办好学校,是梅贻琦治校的重要"法宝"之一。抗战期间,自1939年校庆开始,梅贻琦每年都撰写一篇向校友报告校况的文章。他在1939年撰写的第一篇《抗战期中之清华》中写道:

自卢沟桥事变迄今已二十一个月矣。在此期间,吾校之所遭遇固多有与他校相同者,但吾校校舍之被敌人占据摧毁,同人南迁后之艰苦维持,与夫目前校务之推进状况,凡我校友,必欲闻其详。今兹所述,犹虑未能详尽。盖前年夏间,琦因事赴京,七七变作,即未能再返清华园。关于园内经过情形,接同人

事后南来或通信相告者，琦今据以
转告校友，虽其间详略不齐，或近屑
琐，然皆目睹心伤，垂泪而道者也。

……某日报中载有清华学生二百
余人在门头沟附近被敌人屠杀，更
为焦急。凡兹传闻，虽事后幸未证
实，然在当日闻之者，实肠一回而九
折也。

……夫敌人之蓄意摧残我文化
机关，固到处如是，清华何能例外。
虽然，物质之损坏有限，精神之淬励
无穷，仇深事亟，吾人更宜努力灭此
凶夷，待他日归返故园，重新建设，
务使劫后之清华，益光大灿烂，斯
琦于缕述母校情形之余，愿与同人
共勉者也。

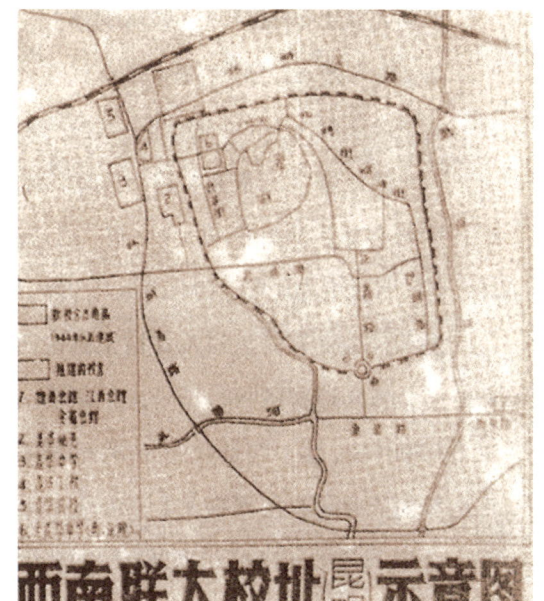

昆明西南联大校址示意图。

1941年，梅贻琦在他撰写的第
三篇《抗战期中之清华（二续）》中
写道：

母校成立，今年恰为三十周年。
琦自1909年（宣统元年），应母校第
一次留美考试，被派赴美，自此即与
清华发生关系，即受清华之多方培

西南联大校门。

植。三十二年来，从未间断。以为"生斯长斯，吾爱吾庐"之喻，琦于清华，正复如之。今日清华校园沦陷在敌骑之下，举校同人流离于西南边隅，勉强工作，北返无期，偶一回思，心伤靡已。值母校成立三十周年，允宜扩大庆祝。但国难校难，夫何庆祝可言！无已，则惟有吾辈工作之努力，作母校纪念之贡品，爰与同人商定恢复本校原有之四种刊物……另于纪念日前后，举行一周之学术讨论会。凡此措施，一以尽吾人学术救国之责任。

西南联大三常委原定每人轮流任两年主席，但因张伯苓、蒋梦麟两位先生均在重庆另外任职，梅只好一人办理日常事务，遇到大事再找他们两位商议，因此更加忙碌。1940年9月，他的母校美国伍斯特理工学院校庆时，来信邀请他去美接受工科荣誉博士学位，他都没有时间前往。

梅贻琦在昆明时先住在花椒巷，一年后迁往西仓坡。正面小楼是他的书房和卧室，楼下即是联大办事处。夫人住在西面小楼上，楼下是会客室。教务长潘光旦住在南面楼上。梅贻琦一到昆明，就把校长专用的小汽车交给学校公用了。他外出开会、办事，近则步行，远则搭他人便车，无车可乘也从不埋怨。他经常和孩子们一起走路，安步当车。

在昆明的几年中，除了办校外，给人印象最深的事情就是跑警报，几乎天天都要跑。日本飞机每天都来轰炸，如入无人之境，畅行无阻。那时的昆明根本没有什么防空设施，西南联大也一样，飞机一来大家就跑开躲起来。而梅贻琦在走开之前，总是先把文件收拾妥当，放好锁好才走。作为校长，他也和教师、学生们一起跑到学校后面的小山上，在坟头之间躲避一下。

韩咏华在《我所了解的梅贻琦》一文中回忆说：

在昆明期间，月涵虽然仍像在北平清华时一样地忙于校务，但他的心情是很不平静的，忧愤山河沦陷，思念亲朋故旧和他付出了心血的清华园。1944

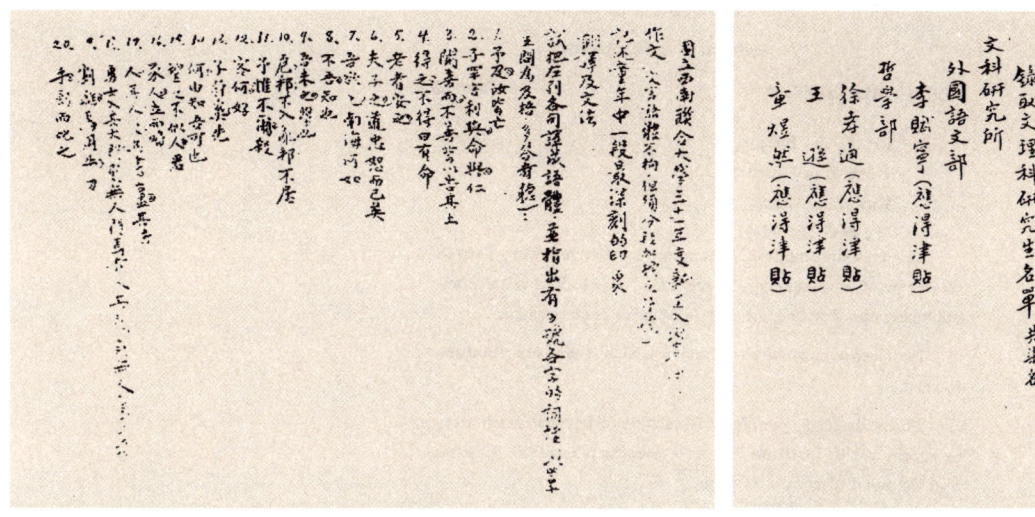

1942年度西南联大新生入学试题（国文）。

西南联大研究生录取名单。

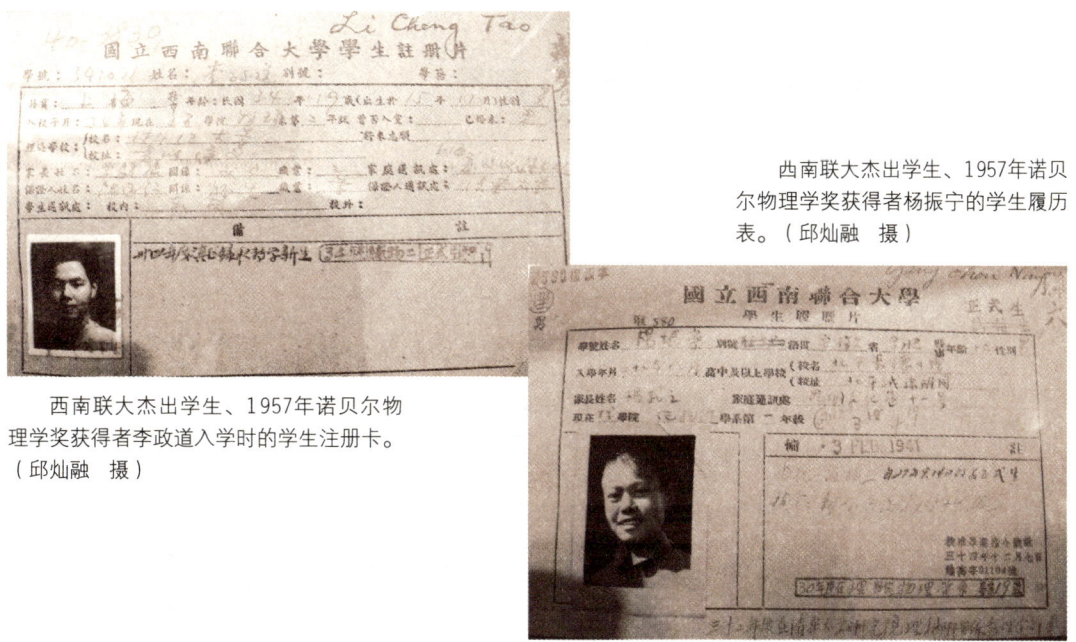

　　西南联大杰出学生、1957年诺贝尔物理学奖获得者李政道入学时的学生注册卡。（邱灿融　摄）

　　西南联大杰出学生、1957年诺贝尔物理学奖获得者杨振宁的学生履历表。（邱灿融　摄）

Worcester Polytechnic Institute

Worcester, Massachusetts

Office of the president   10 June 1940

Dr. Yi Chi Mei,
Tsing Hua University,
Kunming, China.
My dear Dr. Mei:

The announcement of your name for the honorary degree of Doctor of Engineering, in absentia, was hailed with much applause, and I wish that you could have been present.

I enclose a copy of the citation which it was my pleasure to read.

I have decided, pending instructions otherwise from you, to retain at the Institute for safe keeping, both the diploma and the hood of your doctorate.

I had the privilege of speaking to the Chinese ambassador recently. He was highly pleased that your Alma Mater was giving you this recognition of your worth.

The Trustees join me in sincere felicitations, and with warm personal regards, I am,

Sincerely yours,

WAT TYLER CLUVERIUS
PRESIDENT

1940年，伍斯特理工学院授予梅贻琦荣誉博士学位的证书。

年3月，他得知老母病故于北平，无法奔丧，十分悲痛。他一生不喜以诗文抒发感情，只是作作演讲，因此留下文字很少。但在1942年却有与顾毓琇先生唱和之句，诗中有"点苍雪浅攀登易，长白云低望见难"，以及"回忆园中好风景"、"五年漂泊泪由衷"等句，可见当时他心情之一斑。

1945年，抗日战争胜利。月涵先到南京办理西南联大的善后工作。随后联大结束，师生陆续迁回北平和天津。月涵回北平后，立即开始了接收校舍、筹备复校的工作，并继续任清华大学校长，主持清华的工作，一直到1948年底。

附一：伍斯特理工学院关于授予梅贻琦荣衔的嘉奖状

WORCESTER POLYTECHNIC INSTITUTE
Worcester, Massachusetts Commencement, June 14, 1940
Citation For Honorary Degree For YI-CHI MEI

A graduate of this Institute in the Class of 1914 who has spent almost his entire professional life in the service of the Chinese National Tsinghua University. Mr. Mei was called to its Presidency in 1931, at the very moment when the clouds of war began to lower on the horizon of his country. Although confronted by increasingly difflcult conditions, within six years she had nearly doubled the number of students and added to the already established Colleges of Arts, Science, and Law a college of Engineering comprising departments of Civil, Mechanical, Electrical, and Aeronautical Engineering.

Then in 1937, when Peiping, the seat of the University, was invaded, President Mei led an hegira of most of his faculty and students to Changsha in the distant Province of Hunan. Inadequately housed and with but little equipment, they nevertheless graduated a good-sized class at the end of their first year in Changsha, Another year and the city where they had taken refuge had undergone two bombings. Then they moved on again, this time to Kunming in Yunnan Province, in which remote location a temporary merger has been effected with two other universities driven out from the North under the name of the Southwest Associated University.

There President Mei still carries on the training of his undergraduates and what is more astonishing under the circumstances the training of a little band of devoted research students in the hope that, when peace comes again to his stricken country, they may be the more adequately prepared to play their part in the gigantic task of reconstruction.

The rare qualities of heart and mind displayed by this intrepid leader, qualities well remembered by his former teachers and associates, his indomitable persistence in the face of every discouragement, his unswerving loyalty to the ideals which even as a youth upon our campus he had begun to cherish, richly deserve the highest distinction in the gift of his Alma Mater.

附二：1941年清华建校30周年期间梅贻琦日记片断

4月27日 Sun.：天气和煦，时有片云。九点余有预行警报，至一点已解除。3：30至工学院会场，布置颇好，校友到者已有数百人。四点余龙主席、龚厅长及其他来宾到者廿余人，4：30开纪念会。会序：主席报告；龙主席致词；龚厅长致词；白勤士致词；黄子坚（代表南开）致词；冯芝生（清华教授代表兼代表北大）致词；吴泽霖（校友代表）致词。6：30会散，茶叙在工院望苍楼。7：30校友聚餐，在海棠春，共三十二桌，饮酒尚不太多。十点散后又与家人为金、陈、毕所约至利沙饮咖啡，十一点半始返寓。此日两会情形均甚整齐热烈，使人特为愉快，故一日辛劳尚毫不疲倦也。

4月28日 M.：上午未赴办公处，同人亦多令休息一日。任之恭夫人及赵访熊夫人（王繁）昨晚皆住在楼上，午前林君来接往校园。下午3：00至师范学院与学术讨论会各演讲员会晤，待各组（文学、史学、哲学、化学、地学）开会后出至联大办公处。五点半至梁大夫处再试假牙。六点半至冠生园应红十字会高仁偶君饭约，晤美红十字会代表Dr. Wasslins，后闻林可胜君下午忽发疟疾，晚间之讲演须为延期，乃先辞归赶发通知。七点参加各讲演员饭聚，共七桌，精神颇佳，益感此种集会之价值，而以清华为之倡导，尤觉荣幸也。

4月29日 T.: 警报12：55，紧急1：13，敌机来炸1：42，解除4：45。所投小炸弹甚多。敌机廿七架斜排由南向北飞来，故西面由甘公祠附近至翠湖，东面由威远街至小东门外均有炸毁，寓中纸窗有震破者，杯壶有倾倒者，灰土亦颇多，幸无损失，此为第四次矣，且看下次如何。今日之讨论会，下午未得举行。晚饭五桌，因备办较晚，九点余始食毕，讨论会只好延期矣。

4月30日 W.: 上午九点乘洋车至大普吉参加金属及无线电之讨论会，校中同人及来宾分乘二汽车同时开行，到普吉亦几同时。先由二研所展览各部略作表演。11：00金属学讨论会开始。一点便餐（面包夹菜）。2：00金属学及无线电分组讨论。三点余先乘车返城，稍休息后参加在寓举行之联大教务会议，重要决议为：（1）本年毕业生通考定为三门（由各系酌定）；（2）本学期工作照校历原定者结束，大考日期不改动；（3）四年级学生不得在外借读。六点半至工学院陪同工程讨论会诸君聚餐，食后未听讨论即归。

5月1日 Th.: 下午3：00至北门街航空研究所，初因无电、后因电机发生障碍，风洞试验未得表演。5：00往欧洲饭店访林可胜君，已于昨早返筑矣。至梁家椿大夫处试假牙。7：00返寓，招待航空及昆虫两组讨论会诸君（三桌）晚餐。连日疲乏，晚饭时饮酒稍多，客甫散去即归室和衣睡去矣。

5月2日 F.: 上午待蒋君来寓谈话，竟未至。下午3：00至昆虫组看各项展览，在会中听讲半时许先出，至办公室批阅公事。7：00至曲园赴林文奎及张敬女士饭约，盖二人将于四日结婚，先宴执事诸君者。晚在无线电广播听到英军自希腊撤退情形，而同时又有Iraq军队与英军冲突之消息，则小亚细亚又将多事矣。晚10：00蒋校长来住（因才盛巷炸后未收捡好），共谈至12：30始各归室就寝。

附三:《大学一解》要点

教育的最大目的:文明人类之生活要不外两大方面:一曰"己",一曰"群"(或曰个人,曰社会)。而教育之最大目的,要不外使群中之己与众己所构成之群各得其安所遂生之道,且进以相位相育,相方相苞;此则地无中外,时无古今,无往而不可通者也。

《大学》一书开章明义之数语即曰:"大学之道,在明明德,在新民,在止于至善。"是为纲;若论其目,则"格物、致知、诚意、正心、修身、齐家、治国、平天下"是也。前五目属"明明德"范畴,后三目属"新民"范畴。儒家的另一篇经典《学记》则说:"九年知类通达,强立而不反,谓之大成。夫然后足以化民易俗,近者悦服而远者怀之。此大学之道也。""知类通达、强立不反"二语,可为"明明德"之注脚;"化民易俗、近悦、远怀"三语,可为"新民"之注脚。孟子《尽心章》亦言"修其身而天下平";荀子论"自知者明,自胜者强",亦不出"明明德"之范围。而其泛论群居生活之重要,群居生活之不能不有规律,亦无非阐发"新民"二字之真谛而已。总之,儒家思想之包罗虽广,其于人生哲学与教育理想之重视"明明德"与"新民"二大步骤,则始终如一也。

通才教育:今人言教育者,动称通与专之二原则……窃以为大学期内,通专虽应兼顾,而重心所寄,应在通而不在专。换言之,即须一反目前重视专科之倾向,方足以语于新民之效。夫社会生活大于社会事业,事业不过为人生之一部分,其足以辅翼人生,推进人生,固为事实,然不能谓全部人生即寄寓于事业也。通识,一般生活之准备也;专识,特种事业之准备也。通识之用,不止润身而已,亦所以自通于人也。信如此论,则通识为本,而专识为末;社会所需要者,通才为大,而专家次之。以无通才为基础之专家临民,其结果不为新民，而为扰民。

学术自由：所不可不论者为自由探讨之风气。宋儒安定胡先生有曰："艮言思不出其位，正以戒在位者也。若夫学者，则无所不思，无所不言，以其无责，可以行其志也；若云思不出其位，是自弃于浅陋之学也。"此语最当。所谓无所不思，无所不言，以今语释之，即学术自由（Academic Freedom）而已矣。今人颇有以自由主义为诟病者，是未察自由主义之真谛者也。夫自由主义（Liberalism）与荡放主义（Libertinism）不同；自由主义与个人主义或乐利的个人主义，亦截然不为一事。假自由之名，而行荡放之实者，斯病矣。大学致力于知、情、志之陶冶者也。以言知，则有博约之原则在；以言情，则有裁节之原则在；以言志，则有持养之原则在。秉此三者而求其所谓"无所不思、无所不言"，则荡放之弊又安从而乘之？此犹仅就学者一身内在之制裁而言之耳。若自新民之需要言之，则学术自由之重要，更有不言而自明者在。新民之大业，非旦夕可期也。既非旦夕可期，则与此种事业最有关系之大学教育，与从事于此种教育之人，其所以自处之地位，势不能不超越几分现实；其注意之所集中，势不能为一时一地之所限止；其所期望之成就，势不能为若干可以计日而待之近功。职是之故，其"无所不思"之中，必有一部分为不合时宜之思；其"无所不言"之中，亦必有一部分为不合时宜之言。亦正惟其所思所言，不尽合时宜，乃或有合于将来，而新文化之因素胥于是生；进步之机缘，胥于是启；而新民之大业，亦胥于是奠其基矣。

为人师者：至意志与情绪二方面，既为寻常教学方法所不及顾，则其所恃者厥有二端，一为教师之树立楷模，二为学子之自谋修养。意志须锻炼，情绪须裁节，为教师者果能于此二者均有相当之修养工夫，而于日常生活之中与以自然之流露，则从游之学子无形中有所取法。古人所谓身教，所谓以善先人之教，所指者大抵即为此两方面之品格教育，而与知识之传授不相干也。治学之精神与思想之方法，虽若完全属于理智一方面之心理生活，实则与意志之坚强与情绪之稳称有极密切之关系。治学贵谨严，思想忌偏蔽，要非持志坚定而用情有度之人不办。孟子有曰："仁义礼智根于心，其生色也。睟然，见于面，盎于背，施于四体，四体不言而喻。"曰根于心者，修养之实；曰生于色者，修养之效而自然之流露。设学子所从游者率为此类之教师，再假以时日，则濡染所及，观摩所得，亦正复有其不言而喻之功用。《学记》所称之善喻，要亦不能外此。试问今日之大学教育果具备此条件否乎？曰否。此可于三方面见之。上文不云乎？今日大学所能措意者仅为人格之三方面之一，为教师者果能于一己所专长之特科知识，有充分之准备，为明晰之讲授，作尽心与负责之考课，即已为良善之教师。其于学子之意志与情绪生活与此种生活之见于操守者，殆有若秦人之视越人之肥瘠，历年既久，相习成风，即在有识之士，亦复视为固然，不思改作，浸假而以此种责任完全诿诸他人，曰："此乃训育之事，与教学根本无干。"此条件不具备之一方面也。为教师者，自身固未始不为此种学风之产物，其日以孜孜者，专科知识之累积而已，新学说、新实验之传习而已。其于持志养气之道，待人接物之方，固未尝一日讲求也。试问己所未能讲求或无暇讲求者，又何能执以责人？此又一方面也。今日学校环境之内，教师与学生大率自成部落，各有其生活之习惯与时尚，舍教室中讲授之时间而外，几于不相谋面，军兴以还，此风尤甚，即有少数教师，其持养操守足为学生表率而无愧者，亦犹椟中之玉，斗底之灯，其光辉不达于外，而学子即有切心于观摩取益者，亦自无从问径。此又一方面也。

学子修养：学子自身之修养为中国教育思想中最基本之部分，亦即儒家哲学之重心所寄。《大学》八目，涉此者五，《论语》、《中庸》、《孟子》之所反复申论者，亦以此为最大题目。宋元以后之理学，举要言之，一自身修养之哲学耳，其派别之分化虽多，门户之纷呶虽甚，所争者要为修养之方法，而于修养之必要，则靡不同也。我侪以今日之眼光相绳，颇病理学教育之过于重视个人之修养，而于社会、国家之需要，反不能多所措意。末流之弊，修身养性

抗战时期清华自办特种
研究所的研究报告。

几不复为入德育才之门，而成遁世避实之路。然理学教育之所过即为今日学
校教育之所不及。今日大学生之生活最感缺乏之一事，即为个人之修养。

所谓整个之人格，即就比较旧派之心理学者之见解，至少应有知、情、
志三个方面，而此三方面者皆有修明之必要。今则不然，大学教育所能措意
而略有成就者，仅属知之一方面而已。夫举其一而遗其二，其所收修明之效，
固已极有限也。然即就知之一端论之，目前教学方法之效率亦大有尚待扩充
者。理智生活之基础为好奇心与求益心，故贵在相当之自动。能有自动之功，
斯能收自新之效。所谓举一反三者，举一虽在执教之人，而反三总属学生之
事。若今日之教学，恐灌输之功十居七八，而启发之功十不得二三。明明德之
义，释以今语，即为自我之认识，为自我知能之认识，此即在智力不甚平庸之

学子亦不易为之,故必有执教之人为之启发,为之指引。而执教者之最大能事,亦即至此而尽,过此即须学子自为探索,非执教者所得而助长也。故古之善教人者,《论语》谓之善诱,《学记》谓之善喻。孟子有云:"君子深造之以道,欲其自得之也。自得之,则居之安;居之安,则资之深;资之深,则取之左右逢其源。故君子欲其自得之也。"此善诱或善喻之效也。今大学中之教学方法,即仅就知识教育言之,不逮尚远。此体认不足、实践不力之一端也。

西南联大时期梅贻琦往来信函选录

西南联大期间,梅贻琦曾与许多校内外名人有过书信往来,甚有史料价值。从这些往还书信中,读者不难感受到梅贻琦的教育旨趣和为人品性,同时也可以了解当时知识界人士的知、情、志。现摘录部分如下。

(1)蒋梦麟写给梅贻琦关于清华基金事的信函

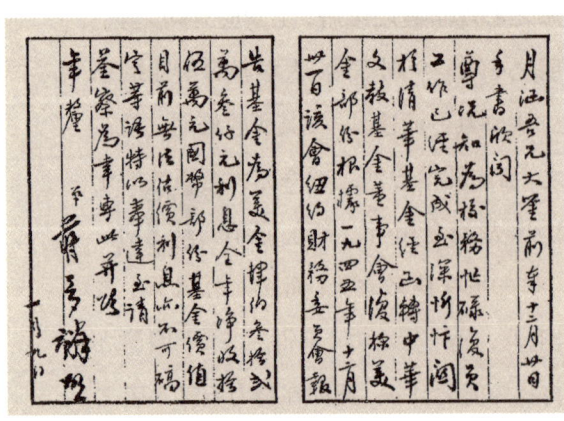

月涵吾兄大鉴:前奉十二月廿日手书,欣闻尊况,知为校务忙碌,复员工作已经完成,至深忻忻。关于清华基金,经函转中华文教基金董事会复称:美金部分根据一九四五年十二月卅一日该会纽约财务委员会报告基金为美金四百三十二万三千元,利息全年净收十五万元国币,部分基金价值目前无法估价,利息亦不可搞定等语。特以奉达,至请鉴察为幸。

（2）陈寅恪与梅贻琦往返信函

月涵吾兄先生左右：别来不觉月余，想起居佳胜。弟到港即接郭大使自英来电，谓因时局关系，欲弟再缓一年赴英，当即托英庚款会代复照办。近因滇越交通又阻，而飞机票价太高，内子复以病不能即旅行赴沪，弟几陷于进退维谷之境。经杭立武君与香港大学商洽，聘弟为Visiting Prof.（客座教授），暂在港讲授。此事想已由杭君函商，弟拟照去年之例，向学校请假。据杭君言，前英庚款会教授讲座，曾聘清华教授，如萧叔玉、公权（萧公权）诸先生，有前例可援，谅无不可也。联大闻有迁地之议，未知究竟为何决定，敬祈便中示知为感。

（1940年8月24日）

寅恪吾兄惠鉴：别来半年有余矣！此维起居安健，潭第吉羊，为颂为慰。本年授课港校，一切都顺利否？时以为念。最近，此间消息谓尊眷或与光钦眷属移住川中，想因港中局势加紧，故作此避地之计，但嫂夫人及侄辈旅行计划何如？吾兄是否同来，抑待夏间课毕再返国内？此间同人皆极关心，而尤欢迎文驾之早日返昆也。联大自去冬以来，计划可称大定。除将一年级学生安置叙永上课外，原校各部分皆未移动，惟图书仪器大部送往近郊疏散，同人家属十九已移居乡下，故教师上课时间改排于星期一、二、三或四、五、六，使城乡来往者较得便利耳。舍间一小部分亦移居梨烟村（海源寺附近），弟每周偷闲去住二三日。最近为清华卅周年庆祝筹备稍忙，四月下旬中基会在港开会，恐不能往矣。

（1941年3月14日）

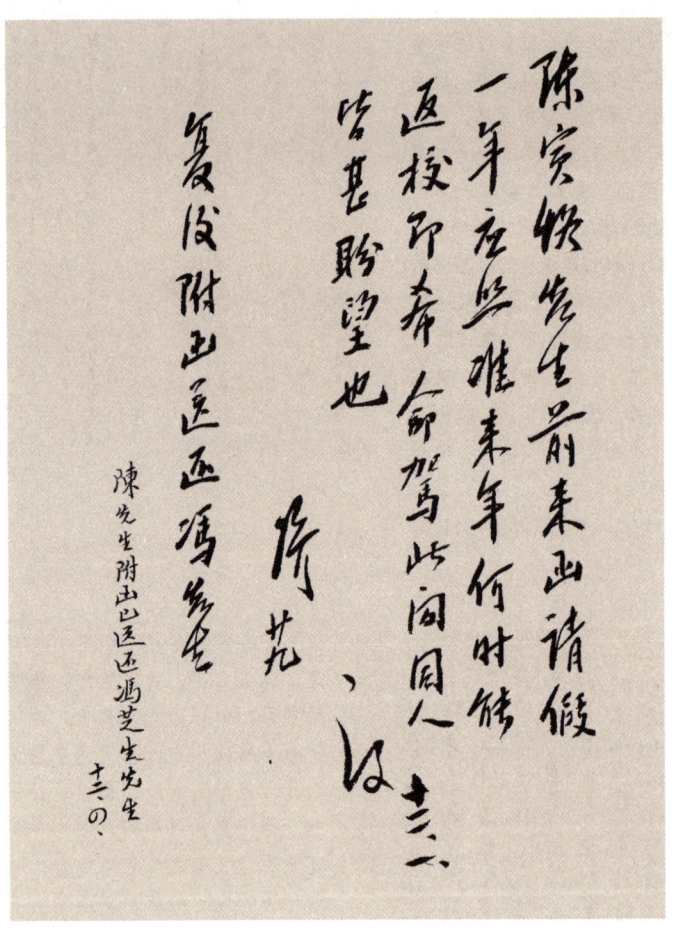

梅贻琦批复陈寅恪信函。

（3）叶企孙致梅贻琦信函及梅贻琦复函

月涵校长钧鉴：敬启者，本年五月初，承中央研究院函约担任该院总干事之职。经考虑之后，虽自恐才难胜任，然因该院之发展与全国学术前途之关系甚大，亦未尝不可尽其棉（绵）力，逐渐使该院之研究事业更上轨道。钧座亦以为该院之事业不宜漠然置之，并承在渝时与朱、傅两先生面商，无任铭感。后复承钧座面嘱兼顾本校特种研究所事务。本校在钧座领导之下，十年以来事业日进，校誉日隆。企孙夙承教诲，后在校服务，迄今已十六年，虽成就与期望未必尽符，然爱护学校之心，与时俱进；一旦他就，实不免徘徊瞻顾；余力所及，自当在不支薪之条件下为母校稍尽义务（从本年十月起企孙当停止支薪）。然两方兼顾，终非永久办法；尚祈钧座早日将特种研究所委员会重新组织，另聘高明继任该委员会主席之职，以专责任。无任企祷之至。

（1941年9月3日）

企孙先生惠鉴：日昨接九月三日手书，备悉一一。足下之去中研院，在清华为一重大损失，在琦个人尤感怅怅，但为顾及国内一重要学术机关之发展起见，不应自吝，乃不得不允君请假，暂就该院职务。而本校特种研究所事务，三年以来赖足下之筹划、调节，工作进行实多顺利，则今后之须足下继续主持，非仅本校同人之所希冀，抑中研院方面在互助之原则上，在研究工作联系之观点上，当亦必予同意也。至研究所事务，除属于通常性质者当另请代理外，其各所工作计划与报告，及经费预算等问题，则尽可于文驾因院务来昆之时编核审定，是于中研院无所妨，于本校则有大益。惟于足下不免多劳，而爱校如君者，想必不固辞也。

（1941年9月11日）

（4）潘光旦致信梅贻琦，报告身体情况

月涵吾师：星二访李枢医师，查明右目视网膜有破损处，属静养数日后再为检视，因即于当日下乡。今日之聘委会集会势不克趋赴，为恨。关于社会学系副教授李树青君晋级事，前曾函请通夫兄具函申请，并请约树青开具学历及近年来述作编目，俾得于今日午后之会中提出。学历及作品部分今日午后定可送到，通夫兄之申请函则未可必。无论为何，届时务乞吾师将此事提请公决。树青学殖甚好，较之上周集会中所通过之诸同人实不相上下，理应得聘委会之考虑也。

（1942年6月25日）

（5）熊庆来来信商洽借调冯景兰事

月涵吾兄校长如晤：敬启者，敝校矿冶系成立未久，但荷各方赞助，规模粗具。刻因系务主持无人，工作甚难积极推进，冯准西兄学识经验同人向所推重，弟拟请其到云大维持一年，俾矿冶系一切得上轨道。左右于云大素极关切，敬请惠允借聘，无任感荷！

（1940年9月10日）

（6）冯友兰来信商洽聘任钱锺书事

　　月涵先生：钱锺书来一航空信，言可到清华，但因其于九月半方能离法，又须先到上海，故要求准其于年底来校。经与公超、福田商酌，请其于十一月底来或下学年第二学期来。弟前嘱其开在国外学历，此航空信说已有一信来，但尚未接到。弟意或可即将聘书寄去。因现别处约钱者有外交部、中山文化教育馆之《天下月刊》及上海西童公学，我方须将待遇条件先确定与说。弟意名义可与教授，月薪三百。不知近聘王竹溪、华罗庚条件如何？钱之待遇不减于此二人方好。如承裁可，望将聘书及附去弟与钱函一并航空寄去。再舍亲陆侃如前本说到广西，近又不成，拟从事翻译工作，其译稿望中基会接受。舍妹（冯沅君）已直接与任叔永（任鸿隽）太太一信，并将翻译计划及以前翻译成绩寄请审核。唯值此人多钱少之时，望先生再与叔永先生一信，为之说项为感。梅太太（韩咏华）到昆明想一切平安。弟已在青云街定一房（即张席褆所住之"冰庐"内），约于下月中旬即搬家到昆明。

（1938年7月25日）

（7）吴宓来函报告李赋宁超假事

梅校长钧鉴：按查本校外国语文系专任讲师李赋宁君，于去年十二月请假回西安省亲——李君为故水利专家李协（仪祉）先生之子，李协先生兴修渭、惠等渠，造福国、省无阻，其殁时（二十七年三月）赋宁方随校由湘迁滇。盖自二十六年秋至今，赋宁未尝一日离校，终岁勤学，师友交誉。去年六月，赋宁在昆明大病一次，其寡母思子綦切，故召还——行时，除向联大、清华外文系主任请假得许外，并以所任教课，托吴达元、吴宓、王佐良三君分授，每月薪津（自十二月起）由王佐良代领，全数分给代课之三君，各得三分之一。（其留美预备班课，则托杨周翰代授，薪津亦全归杨君领得。）赋宁回家（本年一月初始到家）后，适值母病，未忍遽离。本年三月，即拟回校销假，复以旅费难筹，函求设法。宓遂于四月一、

十四日，两次由昆明汇去万圆，并为代办在渝乘飞机用之学校证明书及私人有力请托函，同时寄去，但（四月十七日）中原战事遽起，五月二十二日宓接赋宁西安来电云"款俱收到，即设法首途，现交通极困难，能否抵滇，尚未可卜。宁。"该电未详月日，但赋宁急欲回校之心，则昭然若揭，而交通之困难，在今西安危急，军事运输与居民疏散，情形可以想见。窃查李赋宁纯厚勤敏，为清华外文系近年毕业生中最有成绩与希望之人才。陈福田主任与吴达元教授素极称奖，其平日授课任职亦至忠勤。此次回籍省母，请假虽稍久，而课未尝缺，亦未支领分文薪金，决非偷懒取巧，旷职自私者所可比。且今正在冒危险，历困难，奔回学校，不日即可赶到。

（1944年6月9日）

(8)钱锺书来函

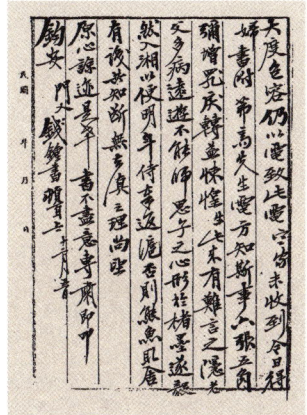 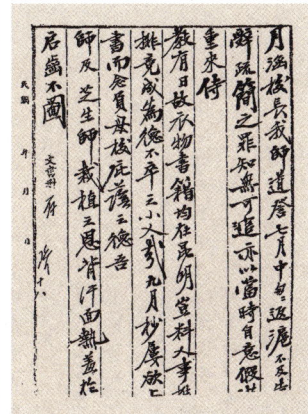

月涵校长我师道察：七月中匆匆返沪，不及告辞，疏简之罪，知无可追。亦以当时自意假满重来侍教有日，故衣物书籍均在昆明。岂料人事推排，竟成为德不卒之小人哉！九月杪屡欲上书，而念负母校庇荫之德、吾师及芝生师栽植之恩，背汗面热，羞于启齿。不图大度包容，仍以电致。此电寒家未收到，今日得妇书附莼斋先生电，方知斯事，六张五角，弥增罪戾，转益悚惶。生此来有难言之隐，老父多病，远游不能归，思子之心形于楮墨，遂毅然入湘，以便明年侍奉返沪。否则熊鱼取舍，有识共知，断无去滇之理，尚望原心谅迹，是幸。书不尽意，专肃即叩钧安。

（1939年12月5日）

(9)朱自清来信允任系主任

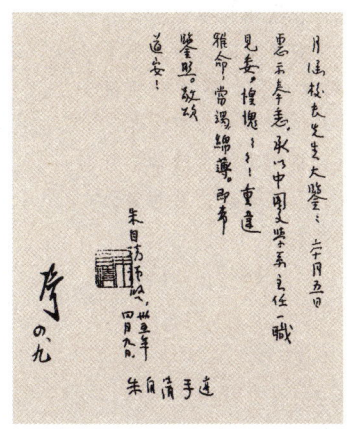

月涵校长先生大鉴：本月五日惠示奉悉，承以中国文学系主任一职见委，惶愧惶愧！重违雅命，当竭绵薄。

（1946年4月9日）

（10）延安清华同学会曹葆华、蒋南翔来信问候

月涵校长先生钧鉴：自离母校以来，生等极少机会晋谒先生并倾听教诲，但怀念之意未尝或已。四一年延安同学会成立，曾致电先生，庆祝母校校庆纪念。最近两年来，因国内政治环境关系，交通阻塞，生等即无法上书先生报告在延各同学情况。此次校友谢保樵先生来延考察，曾将母校及先生近况详为叙述，生等遂听之馀，欣忭莫名，而对于母校及先生益增想念。生等在此几年来，工作、生活均甚愉快，各同学均能发展所长，以贡献于神圣之抗战事业，此堪告慰于先生者也。现乘谢校友回渝之便，特呈此函，敬祝先生健康，并冀先生继续以清华传统之科学与民主精神作育青年，以应中国当前抗战事业之迫切需要；尤祈国内民主政治早日实现，使各地清华同学都能欢聚一堂，互相切磋，共为建设新中国而奋斗，此实生等所无任企盼者也。

（1943年7月5日）

(11) 闻一多来信呈研究报告

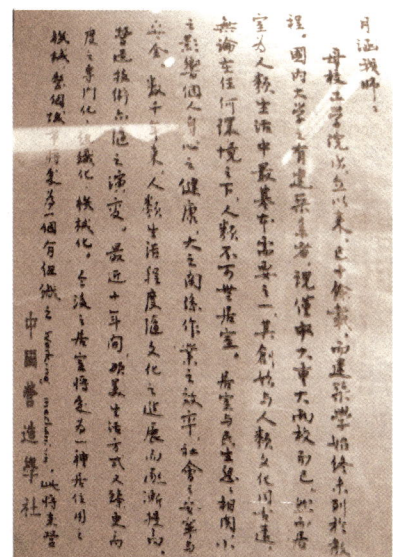

月涵先生校长钧鉴：奉上去年度休假研究报告一通，敬希鉴核是幸。所有业经撰成诸文，除已交由各刊物发表者外（名目见报告书中），清稿俱在缮写中。倘承调阅，容当陆续呈缴不误。

（1940年11月11日）

1945年梁思成来函议成立建筑系事宜。

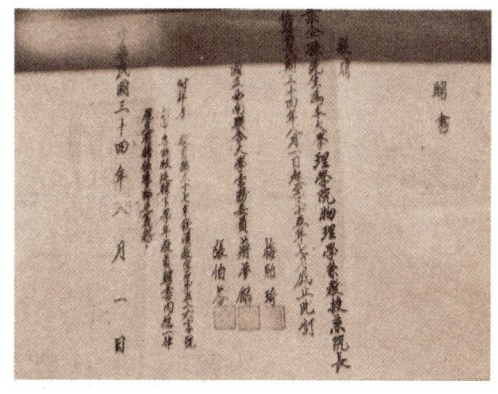

1945年西南联大聘请叶企孙先生为物理学系教授兼理学院院长的聘书。（钟秀斌　摄）

相关链接

闻母丧日记摘录

1943年3月4日 Th.: 八弟处始有确息，老母竟于一月五日长逝矣！年已八旬，可谓高寿，临终似亦无大痛苦。惟五年忧烦，当为致疾之由，倘非兵祸，或能更享遐龄。惟目前战局如此，今后之一二年，其艰苦必更加甚，于今解脱，未始非老人之福，所深憾者，吾兄弟四人皆远在川、滇，未能亲侍左右，易箦之时，逝者亦或难瞑目耳，哀哉！十弟有登报代讣之提议，吾复谓无须，盖当兹乱离之世，人多救生之不暇，何暇哀死者，故近亲至友之外，皆不必通知。况处今日之境况，难言礼制，故吾于校事亦不拟请假，惟冀以工作之努力邀吾亲之灵鉴，而以告慰耳。下午五点开联大常委会，会前诸君上楼致唁，有提议会可不开者，吾因有要事待商，仍下楼主持，不敢以吾之戚戚，影响众人问题也。

3月5日 F.: 上午莆斋、佩弦先后来吊唁，十点余仍至校办公。中午有光旦邀宋希濂餐叙之约，以柬谢之。

3月7日 Sun.: 天气晴朗，午前十一点在余住室为先母设灵位，略陈花果，率家人致祭，聊寄哀思，时袁希渊夫妇及李润章来，欲与祭，却之不可，殊愧太简单耳。午饭前孟邻夫妇来，孟系昨日由渝飞回，略谈别去。上午今甫来办公室，谈及其去年九月丁外艰，亦久久始得家报，哀痛之余别无可为。吾等处境正复相同也。

"漫卷诗书喜欲狂"——复员前后

1945年8月，日本宣布无条件投降。梅贻琦和全校师生一样，满心欢喜，准备北上复校。

　　从日寇铁蹄踏入清华园，清华师生被迫南迁的第一天起，梅贻琦就无时无刻不盼望这一天的到来。1945年4月校庆期间，胜利曙光已现，他在《抗战期中之清华（五续）》中写道：

　　今年八月，琦服务本校，将满三十周年。溯自一九零九年（宣统元年）应母校第一次留美考试，被派赴美，自此即受清华之多方培植。待民国四年秋返国，即在本校服务，流光如驶，忽忽三十年矣。吾昔曾言：在这风雨飘摇之秋，清华正好像一条船，漂流在惊涛骇浪之中，有人正赶上负驾驶它的责任。此人必不应退却，必不应畏缩，只有鼓起勇气，坚忍前进。虽然此时使人有长夜漫漫之感，但吾们相信，不久就要天明风定。到那时我们把这条船好好开回清华园。到那时他才能向清华的同仁校友说一句"幸告无罪"。此天明风定之日，不久可望来到。今春教部召集各大学开会，对于战后各校复员，有所决定，清华必在复员之列，此亦琦可为校友诸君告慰之一端。惟维持现在，绸缪未来，有待于我校友诸君襄助之处正多，一旦复员开始，北返有期，自更盼校友诸君能与在校师生共策共力，使涉世三十三年之母校得以重新奠定于清华水木之间，更从而有一番簇新之发展，以与一般建国事业力求配合，斯则琦历年艰苦支持中所时刻馨香祷祝者也。

　　抗战胜利这一天终于到来了。8月19日，梅贻琦主持了清华第五十七次校务会议，全面讨论了清华战后复员计划，并积极安排实施。9月10日，梅贻琦与郑天挺（时任西南联大总务长）一同飞抵重庆，参加教育部召开的"全国教育善后复员会议"，同时也就清华与联大复员的某些原则问题听取重庆当局的指示。在重庆期间，梅贻琦草拟了一份《战后清华院系充实草案》，提交教育部审核。

　　10月11日，梅贻琦返回昆明。在此后的大约半个月时间里，梅贻琦获得了难得的相对平静的一段时间，心情较为轻松；但另一方面，当时的国内政治形势又使他对战后的教育事业产生一些忧虑。以下分别是梅贻琦10月19日、10月20日、10月28日日记中的内容，可见其当时的这种心境：

"下午无事，将堂屋稍加布置，挂字画数事，使不太显冷落耳。"

"上午在校。下午未出门，在院中移植花木菜蔬，为时虽迟，但觉了却一番心事，即九月间搬来后欲做而因赴渝未得做者。今后院场亦较见整洁，明年花开时或不及赏玩，但后来居此屋者，必不辜负此花耳。"

"上午十时半清华服务社委员会讨论结束事项，会后聚餐，为谢诸君努力，饮酒约廿杯。散后大睡，至六点始起。盖数日来恒二点始睡，借以补足之也。晚赴章矛尘之约，同座为傅、杨、樊、钱、周、汤，皆北大同人。食螃蟹，为汉口带来者，余菜亦颇精美。食后谈及时局及学校将来问题，颇兴奋。盖倘国共问题不得解决，则校内师生意见更将分歧，而负责者欲于此情况中维持局面，实大难事。民主自由果将如何解释？学术自由又将如何保持？使人忧惶！深盼短期内得有解决，否则匪但数月之内，数年之内将无真正教育可言也！"

旅渝日记

1945年11月26日清晨，按照既定计划，梅贻琦偕陈岱孙、施嘉炀、毕正宣三人乘机飞往北平，视察被日寇蹂躏八年之久的清华园，并组成以陈岱孙为首的接收委员会。事情还未办完，昆明即发生了震惊中外的"一二·一惨案"。在教育部的一再催促下，梅贻琦不得不匆匆结束行程，于12月12日返回昆明。

1. 学潮及"一二·一惨案"

　　"一二·一惨案"发生的原因比较复杂。据1996年出版的《国立西南联合大学校史》记载，1945年11月1日，西南联大庆祝八周年校庆，这也是西南联大最后一次校庆。在校庆周期间，《现实》壁报登出了张奚若等五位教授反对内战的谈话，《生活》壁报也发出同样的呼吁，其他各进步壁报纷纷响应。22日，"冬青社"等学生团体联名建议学生自治会通电全国反对内战。西南联大等四所大学学生自治会联合发起在11月25日晚举行反内战时事讲演会，地点在云南大学至公堂，呼吁并发动各校学生参加。云南省党政军当局闻讯后，便极力阻扰，于24日召开紧急联席会议，作出"未经党政军机关批准，不得集会游行"的决定，同时给云大当局施加压力，不准借给会场。西南联大学联当机立断，由学生自治会征得在校主持校务的代常委叶企孙同意，将讲演会改在西南联大新校舍图书馆前大草坪举行。尽管云南当局施加种种限制，制造紧张气氛，届时各校学生和各界青年参加者仍十分踊跃，共有约6000人到场。西南联大学生自治会也组织纠察队维持会场秩序，做好了应付紧急情况的准备，并安排工学院学生自治会派人带扩音器到会场。晚上，演讲会按时开始。钱端升、伍启元、费孝通等进步教授在会上慷慨陈词，呼吁停止内战，听众报以热烈掌声。就在会议热烈进行之时，会场上突然响起了枪声，电灯也突然熄灭。在这种情况下，会议主持者燃起汽灯，继续开会。一个自称"姓王的老百姓"上台发言，说："目前有人称兵作乱，此系内乱而不是内战，政府理应戡乱。"此话一出，激起群众极大愤怒。大会结束后，各校学生在返校时，发现外面已有军队戒严，多处交通路口还有军队架起机枪把守，不准通行。

　　西南联大学生被军队开枪威胁晚会所激怒，纷纷要求罢课抗议。有学生当夜又把学校上课敲钟用的一段钢轨藏了起来，以至第二天没有了上课的钟声，造成了事实上的罢课。

11月26日，《中央日报》刊出《西郊匪警，黑夜枪声》的歪曲报道。当局制造谣言、掩饰真相、侮蔑演讲会的行为激起全校师生更大的愤怒，促使学生正式发表罢课宣言。接着，昆明市学联召开各大中学校代表大会，组成"昆明市中等以上学校罢课联合委员会"（简称"罢联"）。自11月28日起，昆明市31所大中学校正式开始罢课。

12月1日上午11时，军队一百余人冲击西南联大新校舍。由于猛攻大门受阻，遂准备向围墙内投掷手榴弹，正好被路过该地的南菁中学教师于再看见。于再不顾个人安危上前拦阻，手榴弹就在他身旁爆炸。于再身负重伤，当晚牺牲。与此同时，另一批暴徒四五十人先去联大附中行凶未遂，转去龙翔街，欲强行闯入西南联大师范学院，遭到学生抵抗，被逐出校门。暴徒恼羞成怒，便从门隙中扔进两枚手榴弹，造成学生多人受伤：师院专修科学生潘琰（女）和李鲁连受伤甚重，在送往医院途中又遭暴徒毒打，先后牺牲；师院旁边的昆华工校学生张华昌当场被炸伤头部身亡；师院学生缪祥烈腿部受重伤，后因伤口感染被迫截去一条腿致残。下午2时，暴徒到联大工学院寻衅，由于学生早有准备，未受损失；教授马大猷出来劝阻遭殴打。这天死难者四人（被称为"四烈士"），被殴打致重伤者25人，轻伤者30余人。

在此期间，梅贻琦正在北平考察清华校园情况。很快，梅贻琦接到教育部催他返校的加急电报。12月11日，梅贻琦抵达重庆，在教育部作短暂停留，12日返回昆明。此后一段时间，梅贻琦用了大量时间和精力来处理这一事件。

以下是梅贻琦这个时期的日记片断，从中可大致了解其操劳的情况：

12月6日：午前访沈兼士托复部电："待机即返。"……下午又接部电促归。

12月8日：……下午至东皇城根九号访王叔铭，久待始得见，允为定机赴渝……晚沈兼士饭约……托沈再电部，告十日返渝。

12月11日：早六点起，七点起行赴南苑机场，陈（岱孙）、陈（福田）、毕（正宣）送余行，七点半到机场，手续颇简便，无需购票，行李卅余公斤未加限制，喜过望矣。八点半起飞……一点半（渝时）降九龙坡……五点至教部托订赴昆飞机，与骝先（朱家骅）部长谈半时许……返中研院晤思成夫妇，徽因甚瘦弱，但精神犹甚足。七点与正之、本栋、辑斋、济之、思成赴朱部长饭约，骝公似甚紧张，余告倘本周末不能安定复课，则与其经政府解散，无宁自请停办耳。九点归后又谈甚久，始睡。

12月12日：早七点余起，八点半至珊处早点，谈至十一点返中研院。至教部取飞机票，再与部长晤谈。后至卫公馆午饭……饭后二点半至机场……五点公司人通知登一货机，盖本日下午将无客机赴昆，故将余特送入货机，为得早到昆耳。承机师招待在机室加座，得不感孤苦亦不觉冷。八点到昆，搭公司车至才盛巷，晤孟真（傅斯年，时已代蒋梦麟出任联大常委之一，并携蒋介石手谕至昆明解决学运问题）、今甫（杨振声）、枚荪（周炳琳）、廉澄（赵迺博），以汤面一碗作晚餐，且食且谈，乃详知半月以来之经过。十二点后始返寓，家人惊起开门，略话北平情形，一点半睡。

12月13日：早七点起，八点以后约端升（钱端升）、企孙（叶企孙）来谈。芝生（冯友兰）、蒹斋（沈履）、鸣岐（赵凤喈）先后来。十点至才盛巷与孟真、经农（朱经农，时为教育部副部长）晤谈。经方自卢主席（云南省主席卢汉）处归，述及重庆密电告卢，有十五以后如不复课即准备举动之语……（午）饭后至商务酒店访霍揆彰总司令，又在李文初令兄室稍坐。下午四点出与查（良钊）、沈（履）至云大医院慰问受伤未瘥之学生四人。至叔玉（即萧蘧）家稍坐。拜访卢主席于其青莲街公馆，谈半时许，承以车送至张西林处，张所约朱次长外皆为联大同人，似有为李宗黄说项之意。饭后九点余出，与潘（光旦）、冯、查访缪云台，知其明日将赴渝者，谈至十一点归寓。

12月14日：上午九点约常委会诸君谈话，商定布告十七日复课，并于明日召学生会各代表训话。中午在才盛巷与孟真宴朱（经农）、霍及龚（龚自知，云南省教育厅厅长）、王、萧、熊（熊庆来，云南大学校长）等，共两桌。下午五点约一多来谈一时许。一多实一理想革命家，其见解、言论可以煽动，未必切实际，难免为阴谋者利用耳。晚饭邱清泉军长之约，座中有卢、霍、李、倪文亚、熊、史、朱秘书长等（经农后到，孟真先去），邱意似为罢课问题谈商，但座中很少谈及，因实不便多谈也。九点余散，未得他往。十二时睡。

12月16日：上午十点学生代表八人来，送一书面答复，谓昨晚代表大会议决："在条件未圆满解决前不能复课。"接受该函后未与多谈。至新校巡视，情形甚乱，至图书馆向死者四人致祭后即出。中午约常委会诸君餐叙。下午未出门，约端升、奚若来谈。晚饭约同人十余人餐叙，饭后九点光旦偕一多来，一多告学生方面可有转机，甚喜，即走书告孟真。

12月17日：上午十点孟真来，同往新校舍察看，竟无上课者。中午常委会聚餐。下午三点约教授会诸君茶话，报告最近数日经过及本人（与傅）感觉无望，不能不退避贤路之意。四点余先退出，诸君随改开教授会，议决请缓辞，并于明日上午由各系主任联合召集学生代表，劝告并听取意见。下午分系由各教授向本系学生劝告，如无效，将总辞职。晚饭与傅、周在家便食，时已九点，会方散也。

12月19日：下午二点召常委会与各系主任会谈昨日劝告结果。三点余教授会，系闻据廿余人提议召集者，余与傅仍被请出席，并请余仍任主席。先考虑提议之事由，为昨晚学生代表开会提出条件请予考虑，但因无正式报告，至究如何说法亦难断定，会中遂未予考虑。讨论甚久后，决即以书面劝告诸生。并推代表（冯、周、赵）访卢、霍，请对于取消禁止自由开会之前令。在寓晚饭后文告拟就，即付印贴出。随访卢，允即作声明。访霍未遇。

经过一系列的谈判和多方努力，12月26日，昆明各报发表了梅贻琦关于

"一二·一惨案"过程和他所持立场的谈话;"罢联"也发布启示,通知即日复课,学生陆续复课。至此,历时将近一个月的由于惨案所引起的风波暂告一段落,以后还有烈士灵枢安葬等事,梅贻琦无一不做了妥善处理。此后,梅贻琦又将全部精力投入到学校复员北迁的工作。

2. 联大结业

1946年5月4日上午9时,联大全体师生在新校舍图书馆举行结业典礼。梅贻琦主持典礼并代表常委会宣布西南联合大学正式结束。典礼结束后,举行国立西南联合大学纪念碑揭幕式。

由冯友兰撰文的西南联大纪念碑碑文如下:

中华民国三十四年九月九日,我国家受日本之降于南京。上距二十六年七月七日卢沟桥之变,为时八年;再上距二十年九月十八日沈阳之变,为时十四年;再上距清甲午之役,为时五十一年。举凡五十年间,日本所鲸吞蚕食于我

1946年5月4日,梅贻琦主持联大结束仪式。

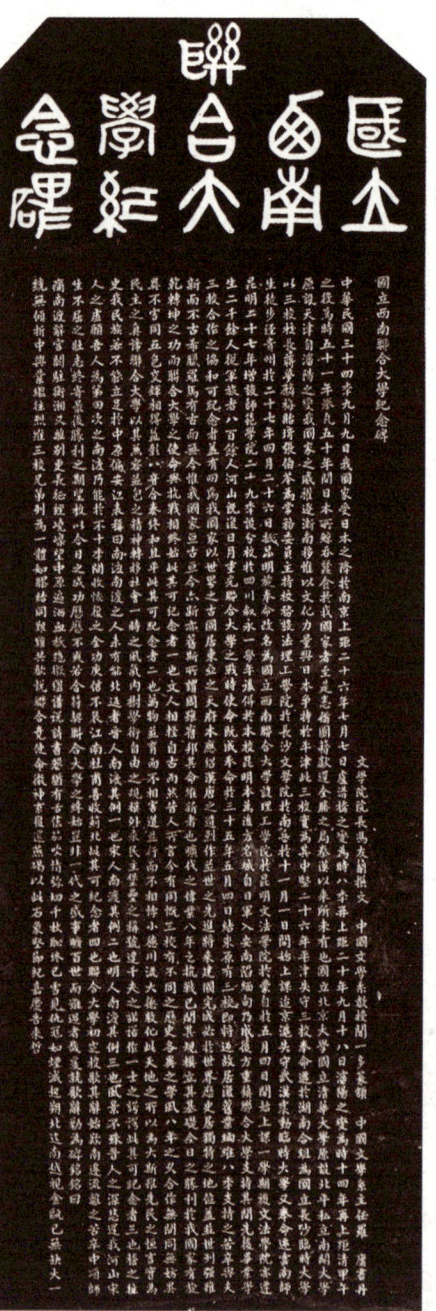

昆明西南联大旧址上的纪念碑。

国家者，至是悉备图籍献还。全胜之局，秦汉以来所未有也。国立北京大学、国立清华大学原设北平，私立南开大学原设天津。自沈阳之变，我国家之威权逐渐南移，惟以文化力量与日本争持于平津，此三校实为其中坚。二十六年平津失守，三校奉命迁于湖南，合组为国立长沙临时大学。以三校校长蒋梦麟、梅贻琦、张伯苓为常务委员，主持校务。设法、理、工学院于长沙，文学院于南岳。于十一月一日开始上课。迨京沪失守，武汉震动，临时大学又奉命迁云南。师生徒步经贵州，于二十七年四月二十六日抵昆明。旋奉命改名为国立西南联合大学，设理、工学院于昆明，文、法学院于蒙自，于五月四日开始上课。一学期后，文、法学院亦迁昆

明。二十七年，增设师范学院。二十九年，设分校于四川叙永，一学年后并于本校。昆明本为后方名城，自日军入安南，陷缅甸，乃成后方重镇。联合大学支持其间，先后毕业学生二千余人，从军旅者八百余人。河山既复，日月重光，联合大学之战时使命既成，奉命于三十五年五月四日结束。原有三校即将返故居，复旧业。缅维八年支持之苦辛，与夫三校合作之协和，可纪念者盖有四焉：我国家以世界之古国，居东亚之天府，本应绍汉唐之遗烈，作并世之先进。将来建国完成，必于世界历史居独特之地位。盖并世列强，虽新而不古；希腊、罗马，有古而无今。惟我国家，亘古亘今，亦新亦旧，斯所谓"周虽旧邦，其命维新"者也！旷代之伟业，八年之抗战已开其规模、立其基础。今日之胜利，于我国家有旋乾转坤之功，而联合大学之使命与抗战相终始。此其可纪念者一也。文人相轻，自古而然。昔人所言，今有同慨。三校有不同之历史，各异之学风，八年之久，合作无间，同无妨异，异不害同，五色交辉，相得益彰，八音合奏，终和且平。此其可纪念者二也。万物并育而不相害，道并行而不相悖，小德川流，大德敦化，此天地之所以为大。斯虽先民之恒言，实为民主之真谛。联合大学以其兼容并包之精神，转移社会一时之风气，内树学术自由之规模，外来民主堡垒之称号，违千夫之诺诺，作一士之谔谔。此其可纪念者三也。稽之往史，我民族若不能立足于中原，偏安江表，称曰南渡。南渡之人，未有能北返者：晋人南渡，其例一也；宋人南渡，其例二也；明人南渡，其例三也。"风景不殊"，晋人之深悲；"还我河山"，宋人之虚愿。吾人为第四次之南渡，乃能于不十年间，收恢复之全功，庾信不哀江南，杜甫喜收蓟北。此其可纪念者四也。联合大学初定校歌，其辞始叹南迁流离之苦辛，中颂师生不屈之壮志，终寄最后胜利之期望。校以今日之成功，历历不爽，若合符契。联合大学之终始，岂非一代之盛事，旷百世而难遇者哉！爰就歌辞，勒为碑铭。铭曰：

痛南渡，辞宫阙。驻衡湘，又离别。更长征，经峣嵲。望中原，遍洒血。抵绝徼，继讲说。诗书丧，犹有舌。尽笳吹，情弥切。千秋耻，终已雪。见仇寇，如

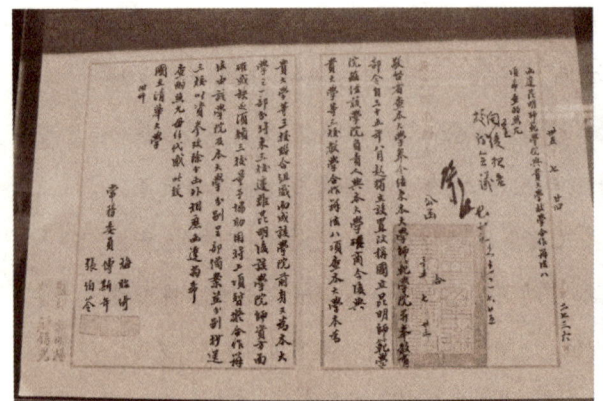

1946年7月，西南联合大学遵国民政府教育部令，将师范学院在昆明独立设置，改称国立昆明师范学院。此为当时的相关文件。（邱灿融 摄）

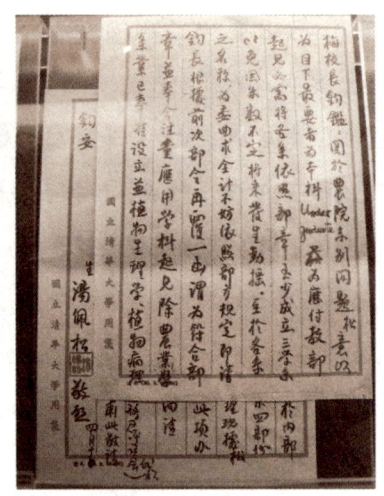

1946年4月，汤佩松教授致梅贻琦校长函，建议成立清华大学农学院。（邱灿融 摄）

烟灭。起朔北，迄南越。视金瓯，已无缺。大一统，无倾折。中兴业，继往烈。维三校，兄弟列。为一体，如胶结。同艰难，共欢悦。联合竟，使命彻。神京复，还燕碣。以此石，象坚节。纪嘉庆，告来哲。

闻一多被刺事件

1946年7月10日，梅贻琦主持召开西南联大第382次常委会，决定7月31日西南联大正式结束。7月11日，最后一批复员北上学生200余人离昆。就在这天晚上，民主人士李公朴遭特务枪杀。7月15日，继李公朴之后，闻一多又被刺杀于其寓所前。在此情况下，梅贻琦不得不暂停清华复员北上工作，投身处理这一突发事件。梅贻琦在当天的日记中写道："日间披阅两校公事颇忙。夕五点余潘（光旦）太太忽跑入告一多被枪杀、其子重伤消息，惊愕不知所谓。盖日来情形极不佳，此类事可能继李（公朴）后再出现，而一多近来之行动又最有招致之可能，但一旦果竟实现，而察其当时情形，以多人围击，必欲致于死，此何等仇恨，何等阴谋，殊使人痛惜而更为来日惧尔。急寻世昌使往闻家照料，请勉仲往警备司令部，要其注意其他同人之安全。晚因前约宴中央及中航二公司职员光徐诸君，但已无心欢畅矣。散后查、沈来寓，发急电报告教部，并与法院、警部及警察局公函。"

7月15日深夜，美国领事馆派员带两名武装士兵用吉普车把潘光旦夫妇接到美国领事馆暂避，梅贻琦忙到凌晨一点余始上床就寝。

7月16日晨，梅贻琦又向各方面详细了解情况，得悉"大致尚安定，惟各家尚甚感恐慌耳"。上午十时，他偕夫人往云大医院看望极度悲痛的闻一多夫人及受重伤的闻一多之子闻立鹤，随后前往会见昆明警备司令霍揆彰。下午4时，发函约组以黄子坚为主持人的"闻教授丧葬抚恤委员会"，委员有查良钊、贺麟、雷海宗、沈履等。下午六时，去美国领事馆探望在那里避险的潘光旦夫妇、费孝通一家和张奚若先生。

7月17日下午，梅贻琦偕全体联大常委往云大医院向闻一多遗体告别并亲视入殓。在当天的日记中，梅贻琦悲愤地写道："（一多）仅着蓝衫，盘坐于铁龛内备明午火化者，其面目尚静定，盖已为殓者整理过矣。"

7月24日下午，梅贻琦在西南联大主持闻一多追悼会。

8月15日，梅贻琦应邀偕贺麟、冯文潜、查良钊一起观审对刺杀闻一多"凶

闻一多（1899~1946）。

1946年8月1日，国立西南联合大学结束、昆明师范学院成立联欢纪念。

犯"的审讯，发现其中有许多可疑之点。在当天的日记中他写道："凶犯汤时亮、李文山二人，汤为警备司令部特务营连长（湖南衡阳人），李（湖北人）为该连排长，二人似为正凶可无疑，惟皆为特营官佐，而于出事之日，又皆便衣带枪（偕一军需上士在逃未获者）出营，未久即至云大会场，听到闻之演词，遂'激于义愤决下毒手'，此实巧极，不无可更研究者。法官三人为陆军总司令部、省保安司令部及宪兵十三团之代表，讯时系择其预审供词要点特为重讯，并以为观审了然者，于'是否有人主使特分别追问，犯人皆称无有'，可以见之。十一点半散庭，下午二点再开庭，余则未往，盖已无关紧要矣！"

从闻一多遇害到"观审"，整整一个月的时间，梅贻琦都在昆明奔波。事件"结束"以后，最后一批留昆的西南联大教职员也纷纷离昆北上。梅贻琦在处理完最后一批遗留事务后，亦于9月6日乘机北上，中经重庆逗留五天，于9月11日中午十二时二十分到达北平。至此，梅贻琦圆满完成了他在西南联大的使命，而清华这只在狂风激浪中漂流了九年的巨轮，也在他的引领下基本完好地驶回了清华园。

七 复员磨难（1946~1949）

1947年，梅贻琦在清华大学办公室。

无复旧池台——复校艰巨

1947年3月中旬和4月下旬，梅贻琦连续发表《复员后之清华》、《复员后之清华（续）》二文，向校友们全面而详尽地介绍了清华的情况。他首先介绍了复员工作的进展情况：

自七七抗战，平津失陷，二十六年（1937）九月，本校奉命与北大、南开合组长沙临时大学……三十五年（1946）五月四日西南联合大学之战时使命完成，举行结业……琦于九月六日离昆，十一日到平。时我校派在北平负责接收修理之保管委员会已经数月之赶工，校舍各部逐渐修妥，本校乃于三十五年十月十日在清华园故址开学，十一月五日第一学期始业……

沦陷期间，清华园遭受日寇洗劫，设备、校产损失达90%以上。敌寇占领清华园八年，先是驻扎军队，曾调驻过三批人马，最多时达一万多人。后来改成伤兵医院，学校遭受严重破坏，尤其是图书馆、体育馆。图书馆书库做了外科手术室，阅览室做了病房。钢书架被拆毁，图书被劫掠一空。前体育馆先后被用做马厩和食物储藏室，致嵌木地板残破不堪，健身设备荡然无存；后体育馆充作厨房，地板全部被拆毁，科学馆、生物馆、化学馆、土木工程馆、水力实验馆、电机馆等建筑，外观虽依旧，内部多半已空无一物。据估算，校产损失约为48.76亿元，教职工私人财产损失总值为1.9亿元。然而,正如梅贻琦所说:"物质之损失有限,精神之淬砺无穷……凡兹所述,当不逮真相之什一,已足令吾人痛心疾首矣。"在《复员后之清华》中,梅贻琦又写道:

清华园校舍,经敌人八九年长期占住,最初驻兵,继改作伤兵医院,破坏甚重。去年春间,一部分房舍又为补给区军医院占用数月,待至七月中本校全部接收时,主要楼房虽外观大致依旧,而门窗残缺,内部装修,均需重新添制。图书馆、体育馆破坏最甚,时至今日,图书馆新书库尚未修好,纵能修好,亦尚缺一层,因钢架被拆卸残缺,最近期内无法亦无力配全矣。

严重的物质条件的困难,并不足以阻挡清华师生前进的步伐和大发展的雄心壮志。至1947年9月,校舍修复工作基本完成。

复员后的清华于1946年10月10日开学,11月5日开始第一学期的课程。这时清华的院系,较战前又有较大的扩展,已成为一所包括5个学院、24个学系、3个教学部室(体育部、音乐室、图书馆)的综合性大学。但以梅贻琦为首的清华师生,并不以此为满足。梅贻琦继续写道:

户外景象,将有风景无殊之感,然而内在之创痕,固深且巨,则非数年之人力财力不易恢复矣。目前仅能达到勉可工作之阶段,而吾人之希望,则又不应以恢复旧观为满足,必使其更发扬而光大,俾能负起清华应负之使命,是则我校同人在复校工作大致就绪之今日,又日夜孜孜不敢不努力以赴者也。

当然,事情不会依人们的主观愿望而转移。前已述及,梅贻琦曾经在1945年10月28日的日记中写道:"倘国共问题不得解决,则校内师生意见更将分歧,而负责者欲于此情况中维持局面,实大难事。民主自由果将如何解释?

学术自由又将如何保持？使人忧惶！深盼短期内得有解决，否则匪但数月之内，数年之内将无真正教育可言也！"

事情果然如此。

1947~1948年这两年中，无论是政局还是校局，都使"负责者欲于此情况中维持局面，实大难事"。事实上，从1946年国共谈判破裂起，学潮就基本上没有断过，使得梅贻琦这位"负责者"，整天在学生、教师和当局之间疲于奔命和穷于应付。如1948年8月，军警又要入校抓捕学生，梅贻琦和胡适联名（胡适拟稿）给教育部部长朱家骅致电，其中有云：

此事万不得已，或可由正规法院执行，若用军警进校，则适、琦极以为不可行，行之必致学校陷入长期纷乱，无法收拾，政府威信扫地，国内则平日支持政府者必转而反对政府，国外舆论亦必一致攻击政府。论者或以为美欧亦有清共法案，必能谅解。殊不知美之清共全用法律手续，决不能谅解军警入校捕人之现状。试设想最近云南大学的怪象若重演于北大清华等校，国家所蒙有形无形损失固不可胜计，而全校学生骚动，教员解体，适、琦等亦绝无法维持善后。故敢以平日忧虑所及，以去就谏阻此事。深盼政府郑重考虑，并乞务转呈总统为感。

其间情势，以及梅贻琦等人内心焦灼之情，于此可见一斑。

一次未及举行的祝寿活动

1948年12月29日，按中国传统习惯，是梅贻琦的六十岁寿辰，清华师生曾筹备了一次庆寿活动，包括《清华学报》在内的一些校园刊物还提前出了"庆寿专号"。可惜因为时局关系，这次活动最终未能实现。当年，建筑系教授李宗津曾为梅贻琦作了一幅寿像，兹录张子高先生所撰《梅贻琦先生六十寿像序》于兹，以飨读者。

维中华民国三十有七年十二月二十九日，今国立清华大学校长梅公月涵登寿六十，在校同仁倩画师为图公像，而以祝嘏之辞属之子高。子高维公于清华自其海外游学，归国掌教，以及主持物理系，为教务长，为留学生监督至于校长，凡三十有九年；而长校且十七年矣。以人之岁月几何，而致身竭力于一校至于如斯之久，世所罕觏。积功累绩，曩者于公任教二十五年纪念时，校内外各有所弹述矣，奚取烦渎。独念大学为学术之府，有兼容并包之任，继往开来之责。校长分寄其任于诸教授与各执事；诸教授与各执事各尽其责于诸学子。至

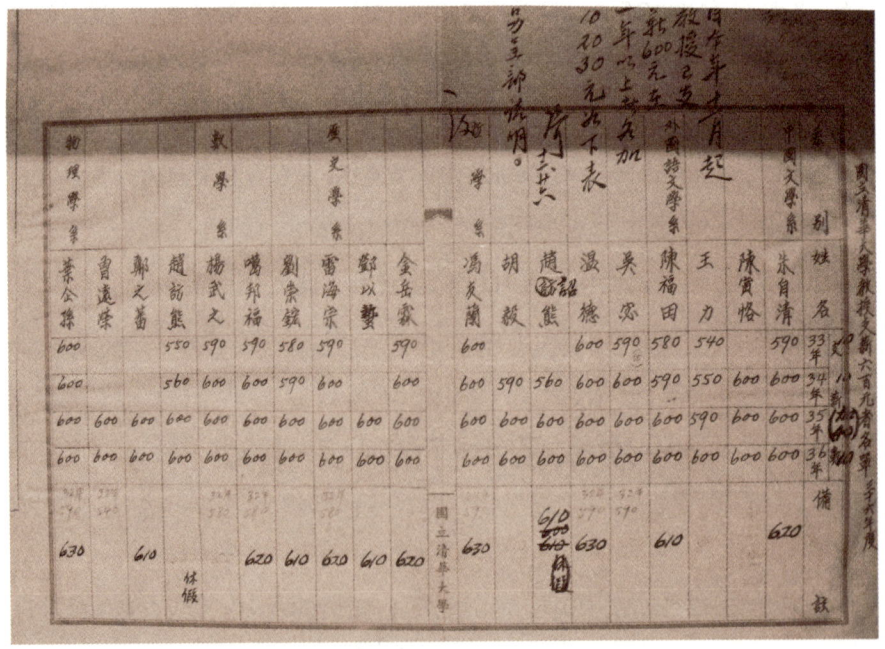

1947年度国立清华大学月薪600元以上的部分教授名单。（邱灿融　摄）

于因革损益之大端，猝然非常之异变，校长则于教授会、评议会、校务会议与同人共商讨之，每有大计，同人既本其识见所可及，尽其意量而出之，时或反复辩难，势若不相下，公则从容审夺其间。其定议也，往往各如其意，充然若有得也。于是意克一而事可济。举凡校务巨细，纷纭多端，公一以平，称安详之度处之，初未尝独标一意，固执一笔，以为非此莫能为也。古之君子，集思广益，善善从长，固非彼优柔寡断、模棱两可者所得借口也。譬诸洪炉，祥金竞跃而一归于熔冶；譬诸大海，群流趋赴而汇合以成其广深。传曰："有容德乃大。"又曰："若有一个臣，断断兮无他技，其心休休焉，其如有容焉。人之有技若己有之；人之彦圣，不啻若自其口出，实能容之以能，保我子孙黎民，尚亦有利哉！"公之所为，其有得于古大德"一个臣"所为欤？

吾固思夫居今之世，处高明之位，应斯民之寄，而欲为黎民子孙福利计者，闻公之风，其亦有所动于中乎？推此廓然大公，物来顺应之怀，以表率群伦，风流所被，讵有艾耶？同人既本昔代公绣像之意，写公面目之真矣。高所云云。傥有得公性情之真于什一乎！谨书此以为公寿。

"挥泪离平"

1948年12月，平津战役正在进行中，北平解放指日可待。梅贻琦已做好必要时离校出走的打算。据长期追随他工作的秘书赵赓飏先生记述，这年11月初，国民党军失守察哈尔，傅作义军队集中平津。吴晗等曾自石家庄频发函电劝梅贻琦留下，张家口电台并广播云："北平各大学，惟有清华梅校长可以留任，请勿擅离。"

从现存的各种资料综合分析，梅贻琦离校出走是必然之举。赵赓飏回

1948年4月，叶企孙手拟给梅贻琦的急电稿。

忆，12月初北平告急期间，梅贻琦每日进城，与北平各院校及军政机关联系，同时向国民党中央请示，并商讨应对方策。

在此期间，恰好梅贻琦的连襟卫立煌准备携眷南飞，有此之便，虽然当时次女祖彤在城内住院生产，四女祖芬还在清华二年级就读，梅贻琦仍然于11月28日安排夫人韩咏华携长女、三女及两个外孙搭机，匆忙离开北平飞抵广州，不久又转抵香港。与此同时，梅贻琦在北平城里设立了一个"校产保护小组"，把一批校产账目和物资转移到了城里。

12月13日，北平围城解放的进程正在迅速推进中。梅贻琦这天上午离校进城取校款，下午回校给员工发放工资。14日，他再次进城，却因城门关闭而无法返校。此时的梅贻琦已经预感到可能会有突发情况，所以在此次进城前将校长室秘书沈刚如招至住所，当面转交了保存在自己手中的一批公物：一包股票，由天津卢木斋后人出资与清华合办数学研究所基金的契约，金元1枚，金条1根。晚上，梅贻琦与校内通电话，得悉城内与城外的交通已断绝，不能再返校了，便在电话中安排，请校务会议代理校务，由冯友兰任主席，暂主持校内事务，设法维护校产及师生安全。自此始，梅贻琦就离开了他"生斯长斯"、每时每刻都在"魂牵梦萦"的清华园。

梅贻琦在北平城内逗留一周，12月21日从东单临时机场搭乘南京政府派来的专机离开北平。与他同机离平的人士后来回忆当时的情形：12月17日，南京派来了接胡适等人的飞机，名单里并没有梅贻琦的名字。有人劝他争取就搭乘这架飞机离平，但当他弄清楚这架飞机并不是接他的之后，便"无动于衷"，放弃了登机的机会。

兹录赵赓飏在《梅贻琦传稿》中记述的当时情形如下：

笔者时住骑河楼清华同学会，十五六日先后遇清华刘崇铉、噶邦福两教授及同学多人，皆间道落荒绕路由德胜门入城，略知校园消息。晚间谒先生于其次女公子宅得悉：（1）冯友兰先生代理校务。（2）青年部与教育部除派专机迎接北大胡校长南飞外，将续派专机迎运平津各大学教授。（3）北平各院校已组成接洽专机之小组五人，先生为召集人，师大袁校长敦礼及北大郑秘书长天挺在内。（4）先生已不能回校，急于向中央洽商善后，将乘第一架教授专机飞南京。原嘱笔者同行，若来不及，即嘱笔者以教育部督学身份，参加小组，并电话通知郑天挺，俾直接联系。

因郊外机场已失，第一架专机暂由东长安街越哈德门（崇文门）起飞。原定十二月二十日起飞，因天候不良，延至二十一日下午一时启行。笔者及少数送行人士，目睹先生只带手提打字机一架，别无长物，神情凄怆，默默登机。飞机越过城墙时，只见机身仅高过五六尺许，大家惊叹不已。事后先生告夫人："起飞空场不大，跑道不长，吾们的飞机是第一次载重起飞，C47只载十四人，连行李不过半量，起飞的几秒钟实在担心。听说驾驶员是空军选的好手，所以很顺利地起飞了。"

拒任教育部长

梅贻琦乘机离平后，当天抵达南京。第二天，行政院长孙科便发表了任命梅贻琦为教育部部长的委任令。梅贻琦坚辞不就，但答应主持"南来教授接待委员会"。不久，形势急剧变化，蒋介石于1949年1月"引退"，李宗仁将南京政府南移广州，孙科辞职，何应钦接长行政院，教育部部长一职则由杭立武接替。梅贻琦完全脱离"教育部部长"虚衔，移居上海。

未久，广州教育部邀约历任部长商讨"教育前途大计"，梅贻琦于3月由沪抵穗。在会议余暇，梅贻琦赴港与夫人会面，其间曾向人透露说，他已经答应杭立武的邀约，联系知名教授学人在台湾筹组编译馆，他本人先赴巴黎出席联合国教科文组织的科学会议。

这段时期，梅贻琦颠沛流离，生活也很艰苦，但对清华的事务，仍尽心尽力。清华校友李鹤龄在后来回忆说："1949年初，梅贻琦抵香港，手头拮据，一些校友还曾凑了一些钱给他：'明知杯水车薪，无济于事，只是表达我们的心意而已。'当时黄中孚还讲过这样一件事。北平解放前夕，清华曾向美国买了一批仪器，等仪器运到天津时，北平已经解放。外轮借口提单上没有梅校长的签字，不肯交货，原轮运回去。后来在香港找到了梅校长，就要梅校长在香港提货。梅校长在提单上签了字，把提单寄到北京给清华，嘱咐外轮下次仍然把仪器运去天津，由清华到天津去提货。梅校长跟黄谈起这件事时曾说过，清华的东西还是要给清华的。"[1]

---

[1] 李鹤龄：《关于前校长梅贻琦的几件事》，《清华校友通讯》1982年复刊第6期。

赴法莅会

1949年7月，梅贻琦作为首席代表，偕李书华、熊庆来、陈源、袁同礼出席联合国教科文组织第四次大会。该会于9月19日至10月15日举行。会议结束后，梅贻琦与李书华一同移居巴黎南郊之儒维集（Juvisy）。不久，梅贻琦便办理手续，启程赴美国。途中，他曾在伦敦停留数日。

据方钜成回忆，1949年夏天，方等在伦敦，但已决定返回祖国参加工作。有一天，忽然接到梅贻琦校长从巴黎写来的一封信，说他将到伦敦暂住一段时间，请方等为他预订个旅馆或公寓房间，并叮嘱要找个租金比较低廉的地方。方钜成写道："当时梅校长是在巴黎参加联合国教科文组织（UNESCO）的一个什么会议。他拿到的经费不多，而梅先生为人素来是书生本色，两袖清风。他要住一个租金低廉些的旅馆，我们是能理解的……我们给梅校长订下了一间每天要付大约十几个先令的房间。当时在伦敦有好几位资格较老、又在官场有些地位的清华校友，梅校长本来满可以给他们写信托办此事，他们甚至可能会欢迎校长在他们家中下榻的。但那时国内的形势是：人民解放军已渡过长江，解放了南京和上海。在我们一些同辈同学之间，聚在一起时总谈论国内蓬蓬勃勃的政治形势。梅校长不给当时那些同官场有关的校友写信，不知是否有所考虑。" [1]

---

[1]方钜成：《梅校长在伦敦二三事》，《清华校友通讯》1986年复刊第13期。

1948年3月，钱三强致函梅贻琦校长，商议回国建立原子核物理研究室事宜。（邱灿融　摄）

八　寓外七年（1945~1955）

1950年，梅贻琦与胡适（右）、缪云台（左）在纽约合影。

1950年1月，梅贻琦抵达纽约。他的任务就是保护好清华庚款基金。据吴泽霖先生（1948年底曾任清华大学教务长）回忆，梅贻琦离校那天，吴曾在校门口碰见过他，吴问他是不是要走，他说："我一定走，我的走是为了保护清华的基金。假使我不走，这个基金就没有法子保护起来。"

1955年以前，梅贻琦一直寓居纽约。从1950年起，他以"华美协进社"（中华教育文化基金董事会即"中基会"的驻美机构）常务董事的身份专事清华基金的保管和使用事宜。从1951年起，在纽约组织"清华大学在美文化事业顾问委员会"，以清华的基金利息补助在美华人的研究事宜，其间作出了赴台建立清华研究事业的决策。1955年11月，梅贻琦抵台，开始了他生命中的最后一项伟业——创建新竹清华大学原子科学研究所。

关于梅祖彦的归国

在梅贻琦寓居美国期间，发生了他的儿子梅祖彦突然归国的事。关于梅贻琦当时的心境，我们从梅祖彦《怀念先父梅贻琦校长》一文中可以略知大概：

20世纪50年代初，
梅贻琦与儿子梅祖彦在
美国合影。

　　对于子女，父亲也很尊重我们个人的性格和思想，并不表现家长威严。我在青年时期曾有过两次大的选择，都决定了我以后的生活道路，父亲对我的选择并不同意，但为尊重我的意愿，最终均未干涉。第一次是1943年秋我决定弃学去当军事翻译员。当时西南联大和一些后方高校刚做出征调四年级下学期学生参加军事服务的决定。那时我才上二年级，不属于动员范围，但我和很多同班同学出于爱国热情，要去志愿参加。父亲认为在抗战时期，能在联大读书，机会不易，应先将学业完成，报效国家以后尽有机会。但因我坚持要去，他即未拦阻。我在军队中服务时间较久，学业耽搁了三年。不过在服务的后期我被调到美国的军事基地工作，服务结束后得到机会在美国完成学业。1949年我在父亲的母校伍斯特工学院毕业，为这件事父亲后来很高兴。第二次就是1954年我决定返回大陆。在此前有不少留美学生回到了大陆，并传来了很多解放后的情况。父亲知道我和一些同学也在策划远行，他虽未动声色，但仍显得出心中的焦虑，后来还是重视了我自己选择前途的志愿，只在为人处世的道理上，对我做了规劝，而对我的行动给予默许。我到法国后遇到一些旅程上的困难，父亲让我去看望当时的驻法大使段茂澜先生（清华老校友），希望我能听听多方面的意见，或许能改变决定。我因为当时决心已定，没有去见段大使。我回到北京后两年，父亲即长住台湾，没有再给我写过信，但在母亲从美国的来信中，知道他听说我回到清华母校任教后，感到欣慰，对我在新环境中的适应情况很为关心。

清华庚款基金

　　清华自建校后，主要依靠美国退还的庚子赔款余额为经费，但对日抗战时期，关税盐税停征，美庚款无由拨用（西南联大经费由国库拨发），只有清华自办的几个特种研究所的经费仍利用存在美国银行的清华基金利息支付，直至复员以后。梅贻琦于1948年底到南京后，即与当时的教育部部长谈及清华基金问题。

　　梅贻琦抵美后，详询孟治探查经过，又分别寻访各方面情形，再与保管清华基金的中华教育文化基金董事会在美董事与会计分别联系，才了解到该会董事分居各地，已很久未开会。他提出意见，打算在美国逐渐从旁推动。在孟治的建议与大力协助下，梅贻琦先担任华美协进社常务董事，进而担任中华教育文化基金董事会荣誉秘书（义务职），得以协助该基金董事会人员间联络，继续业务开展，同时对清华基金的保管与基金利息的运用，作出切实而积极的贡献。

1950年春天，梅贻琦在纽约市65街125号华美协进社楼上租定一室，作为清华大学在美办事处，雇佣一位助理，处理清华大学在美未了的事务。其时梅贻琦的大女儿祖彬与女婿毛文德已在洛杉矶定居；儿子祖彦在美国攻读硕士学位；三女儿祖杉与西南联大同学钟安民在美结婚；幼弟贻宝偕夫人任教于美国爱荷华大学；其二女儿祖彤在北平生产后飞伦敦与其夫婿Emslie团聚；四女儿祖芬因肄业于清华而留居大陆；夫人韩咏华则携二外孙滞留香港至1951年春，始抵美与梅贻琦在纽约会合；胞弟贻琳初在夏威夷工作，后改在亚利桑那州西墨西哥红番地区做卫生工程，于1955年8月不幸遭车祸身亡。

清华基金数额，原较"中基会"者为多（约五六倍），利息均赖美籍董事及会计善于经营，除清华大学于抗战期间支用少数外，所余利息皆并入基金，其本金逐渐增加。盖由于此，国民党政府到台湾后，其政府官员、民意代表及教育学术界人士，都很关注。梅贻琦校长一生以清华为己任，对此项基金，千方百计保持并利用，始有新竹清华与创建核反应堆的重要经费，而清华以外的机构与学人也同沾利益。

"清华大学在美文化事业顾问委员会"

"清华大学在美文化事业顾问委员会"成立后，利用清华基金利息的一部分，报告"教育部"及"中基会"，先后开展下列业务：（1）资助在美的中国学者，进行学术研究；（2）资助在美的青年学者研究，及出版研究报告等专门著述；（3）赠送台湾专科以上院校图书仪器；（4）奖助台湾研究与教学绩优的学人。

1953年返校节期间，梅贻琦（前排右三）和夫人韩咏华（前排右四）回访母校伍斯特理工学院。

关于"清华大学在美文化事业顾问委员会"在美开展的几项业务，赵赓飏在《梅贻琦传稿》中有比较详细的记述：

关于资助在美之中国学者进行学术研究者……许多资深学者，或在美国考察、讲学期满而不能归国，或初履美邦未能立即获得职位，多人皆获该会美金三百元（为当时美国大学教授之最低薪），至得到固定职位为止……此举据留美多年的老教授谈起，认为对在美的中国学人为及时雨，虽每人所得款额有限，其意义则顾深长。

关于资助在美之中国青年学者研究及出版研究报告等专门著述者，当年有若干青年学人在美研究，须发表研究著作，始能应征就业或升等；又其须转校或赴欧进修考察，皆需有著作出版；出版前泰半需资深学者审查推荐及相当经费；"中美文化会"既有高级层面之前辈专家，又有资助之预算，获此资助者不少。

关于赠送台湾专科以上院校图书仪器者，台湾大专院校，得该会图书仪器之赠与，最多者为台湾大学；台湾省立师范学院、农学院、工学院三校次之；台北工专及行政专校较少。

关于奖助台湾研究与教学绩优的学人者，"政府"迁台初期，因经费拮据，教育学术人士待遇偏低，个人购定新出书刊乏力，出国进修或旅行考察尤属千难万难。清华在台复校伊始，先生询及大学教授月薪，初仅七八百元，最高二千元，校长月薪仅一千一百余元……台大钱校长思亮告笔者，清华基金利息高达数倍，于"中基会"财力不足时，要求清华补助，先生乃在"中美文化事业顾问会"业务中，另设"研究教学绩优奖助金委员会"酌拨清华基金利息，奖助台湾教学与研究绩优之师资。

1954年台湾之行

1954年3月，台湾"国民大会"第一届第二次全体会议在台北举行，梅贻琦与胡适皆为教育团体代表，先后自美抵台。梅贻琦在台湾停留约六个星期，在这期间有数事足资记述：（1）受到台湾最高领导人蒋介石的特殊礼遇——受邀赴茶会，到达时方知实际上只有梅一人参加，所谈皆中美文化及在美学人之事。临别在官邸留照，梅被推让于左侧，亦违常格。（2）蒋特嘱梅在台环岛考察，并命浦薛凤（秘书长）陪同，赵赓飏亦应浦之约，随行照料，计程10日。沿途访问学校、工厂、企业及医疗、研究机构，便中游览名胜。各地清华及西南联大校友纷表欢迎，得与久违之故友门生宴聚，至感愉悦；对风土人事亦"甚多咨询"。(3)采纳赵赓飏建议,决定"恢复《清华学报》",发表学术论著,评介国际重要新书,继续清华在国际上固有影响,并获得世界有名书刊的交换,弥补台湾外汇不足,一举数得。(4)与"教育部"商定清华与台

1954年,梅贻琦由美返台,清华校友孙立人(右五)宴请梅贻琦(右六)。

梅贻琦与台中清华同学会同学合影。

大合作,筹办新兴科学之研究机构,训练高级人才,其设备与师资经费由清华负担。(5)资助"教育部"每年招考留美公费生十名,每名留学两年,经费全部由清华支付。(6)参观台大,省立师范、农学、工学三学院,及工专、行政专校,了解各校图书设备及研究现状,继续斟酌其需要,予以支援。(7)将"国民大会"出席费新台币8000余元留交赵赓飏,作联络之用。赵建议改购台湾出版的学术书刊,陆续寄至纽约清华办事处,供"中美文化顾问会"摘要影印,赠送美方文化机构作交换沟通之用。

九　台岛创业（1955~1962）

晚年在台湾的梅贻琦。

1955年11月,梅贻琦应邀到达台湾,主要使命是用清华基金筹办"清华原子科学研究所"(台湾通常称之为"复校")。这位年近古稀的老人,将生命的余晖照耀着新竹清华,照耀着民族教育和科学发展事业。

创办新竹清华

梅贻琦返台后,重要的工作是促成新竹清华大学的建立和发展。他主要做了几方面的工作。

1. 恢复《清华学报》

1954年4月,台湾"国民代表大会"闭幕,梅贻琦自台飞纽约后,首先与在美的中国学术界名人,计议恢复《清华学报》。

《清华学报》(*Tsing Hua Journal*)是清华学校时代所创刊,以研究学术为宗旨。1924年6月出版第1卷第1期,其《引言》称,《清华学报》刊载师友及在校学生之学术论文,以及中外各杂志之重要论文提要;中英文并列,文言白话不拘,文皆横排。从其第1、第2两期的作者队伍,即可见其学术研究水准。第1期除《引言》

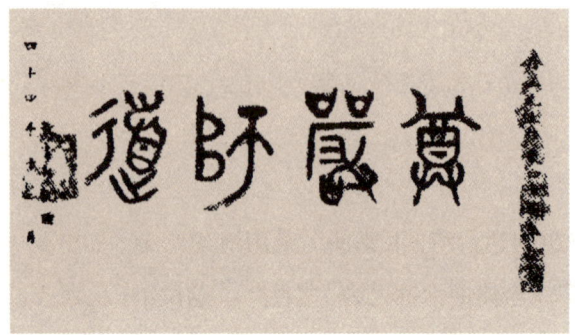

1955年底,台湾"教育部"赠给梅贻琦"尊严师道"匾额,表彰其任教清华40年。

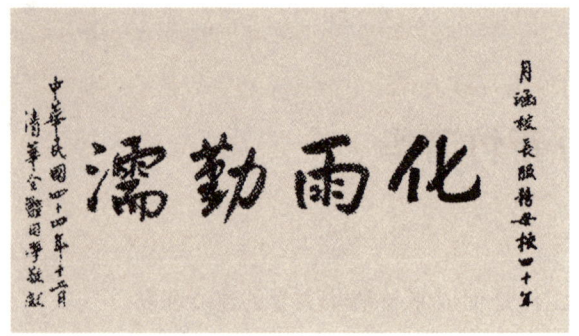

1955年12月29日,台湾清华全体同学赠给梅贻琦校长"化雨勤濡"匾额,表彰其任教清华40年并贺其66岁诞辰。

(未署名)外,论文计8篇,另有"撰著提要"一辑,论文作者为:梁启超、张荫麟、董修甲、陆懋德、陈文波、萨本栋等;第2期的作者则包括:胡适、卫挺生、郑之蕃、周培源、陆懋德、庄泽宣、陈达等。以后为该刊撰稿的作者还有赵元任、王国维、陈寅恪、马寅初、钱基博、蒋廷黻、朱希祖、刘复、王桐龄、陆志韦、何廉、叶企孙、钱穆、唐兰、俞平伯、萧公权、金岳霖、李景汉、陈长衡、王力、杨树达、傅尚霖、浦薛凤、朱自清、朱君毅、陈铨、王化南、赵守愚等著名学者百余人。他们或发表论著,或作书评,对清华改办大学、倡导学术独立,发挥了重要的作用。至1937年夏,《清华学报》共出版12卷24期。第

13、14卷在昆明出版，第15卷则于1948年10月清华复员后在北平出版，其内容范围逐渐扩充为五类七种。1948年适逢梅贻琦年届六旬，遂出《校长梅贻琦先生六十寿辰纪念号》（即《清华学报》第15卷第1期）一巨册。与各大学的学术刊物相比，堪称独步。

《清华学报》于1949年停刊，欧美日澳各学术机构纷纷查询，梅贻琦与遍布美国的清华师友认为，政权分歧，学术研究不宜停辍。1954年梅贻琦返美后，立即分别洽邀在美之中国学人，决定恢复《清华学报》，在美编辑，在台出版发行。一可使清华在学术上贡献继续不断，二则联系海内外学人（包括清华师友）之研究，三者台湾各校可获国外交换之刊物及征求书评之专著（皆免费寄赠），四则供台湾学人专著获发表之便利。一举数得，立获海内外学者之赞扬而乐于参加。

《清华学报》复刊后，内容以中国文学、史学、哲学及社会科学论文为主，兼作国际上有关汉学新著书评。编辑委员会聘定何廉兼任主席，浦薛凤、梅贻宝、柳无忌、杨联陞、李田意（西南联大教授兼秘书）诸教授担任编辑；另聘李书华、李方桂、李济、沈刚伯、房兆楹、洪业、胡适、袁同礼、许烺光、陈世骧、陈受颐、董作宾、裘开明、邓嗣禹、赵元任、刘崇铉、萧公权诸教授做顾问编辑，协助征稿及审稿。1954年夏间征稿，1955年集稿编辑，10月编竟寄至台湾，亦中英文兼用，中文稿附英文提要，英文稿附中文提要，1956年6月在台北出版，编列新一卷第一期。自1956年复刊至1977年，21年计出11卷21册，共刊中外学者论著237篇，书评38则；获征求书评的图书近百册，交换所得各国学术期刊千余册，均交新竹清华大学图书馆收藏。

《清华学报》有四个突出特点：（1）选文标准高，除须有创见外，尚须顾及国际汉学研究水准；（2）书评精当，多由第一流学者执笔，为同类期刊所不易做到，因此英美新出学术名著多有赠送索评者；（3）印刷装订皆循原状，横排，用道林纸精印，详校（作者末校改正后，社中另聘高手补校），较其他学报错误最少；（4）发行方面，由广泛赠阅而渐多订户，尤其海外学术机构喜购存全套，《清华学报》订数每年递增。

2. 新竹校址勘查

1954年，美国国会通过一法案：推广原子能和平利用，赠送世界各相关国家或地区核反应堆一具，台湾亦获一份，价值70万美元，双方各负担半数。是年夏，蒋介石再度当选"总统"，将"政府"改组，6月张其昀接替程天放任"教育部长"，即将原已决定清华、台大的合作计划加以变更，改召梅贻琦到台湾"复校"，并将留美公费生名额增加一倍。梅在美国闻讯后，认为"复校"一节事关重大，最大困难在新兴科学的人才难得。留美公费生增额之举，他"以积辅导留学生多年之经验，深恐不洽"。如果清华"复校"，即难再增拨公费留美生的经费。经一再讨论，最后决定诸端皆待回台从长计议。

1955年夏，"中基会"在美举行董事年会，台大校长钱思亮参加了会议，会后告知赵赓飏，梅贻琦已决定返台筹商在台建校事宜，抵台初期将下榻钱思亮府邸。

1956年，梅贻琦（左前）率众勘查建校地址。

1955年11月初梅贻琦抵台。先拜谒当局，并与"教育部"张其昀部长洽商复校方针。大致议定先恢复清华大学研究院，开始先以原子科学为主。为决定建校地址，梅贻琦11月中即偕赵赓飏到各县市勘查。经基隆、新竹、台中、彰化、嘉义、台南及高雄，了解地形、气候、水电能源，以及人文、交通、可与密切合作之学校等因素。月底回台北，约集有关人士会商。时蒋介石曾面示，谓阳明山土地无须价购，嘱作研究比较。周象贤出任阳明山管理局局长，亦谈及业奉指示，如决定校址在其辖区，保证一切顺利。"教育部"亦甚为关心，曾建议多处；各县市亦纷纷欢迎清华设校，愿提供土地及各种便利。其热烈情形，使人应接不暇。经梅贻琦先生多方考虑比较，看中新竹县东郊赤土崎，原为日本之海军军区，由石油公司保管，半幅土地已数百亩，在水源地旁，且有巨量天然气供应（当时全省只新竹苗栗有天然气），县政府与县议会等机构有尽力协助之具体计划。对于将来核反应堆运作所需能源，确有极便利之条件。梅贻琦赴新竹勘查多次，"经济部"工业研究所所长朱树恭（清华1936届校友）热心联络，石油公司总经理金开英（清华1924届校友）大力支持，渐趋定案。

3. 解决经费问题

在台复校，首先遇到的是经费问题。如果没有清华的庚款基金，在台复校必是一句空话；而如果不是梅贻琦坚定保护，清华基金可能早已流失殆尽。

据赵赓飏回忆，20世纪50年代的某一天，梅贻琦校长拿出一件清华基金保管案的原文与中文影印本，要他细阅后切实了解经过与要点，将来遇机会向关心的校友或教育界人士说明。赵记得梅校长曾叙述基金情形，原来分两部分，大部分存在国内银行，那是当初与八国订约赔款时的定案，每年由关税、盐税直接拨付（按银两折合外币再以大部分算成当时的银元），小部分以美金款额存入美国银行，备清华留美学生监督处支付留学生及清华自美聘教师、购设备图书等用途。

　　庚子赔款自1909年（宣统元年）起退还，就是拨付美国，但美国不再收账，交付基金会。其数额开始时较少，以后逐年增加，预定到1940年付清。到1937年七七事变时，基金会存在国内银行的数额，约为在美数额的两三倍。可惜因为中日战争全部庚款停付，后四年清华的基金未能继收；至于已收存的基金，受通货膨胀影响，经若干次折损，到1946年则所值无几。在西南联大时期，清华仍在昆明维持四个研究所（农业、无线电、金属学、社会调查）的经费，已经靠存在美国那一部分基金的利息支付。抗战前存美的基金原本不多，幸亏诸位董事善于经营，投资顺利，基金利息未用者加入本金，数额颇有增加。后来在美的基金照常运营，利息则开销极少。以纽约清华办事处而论，梅校长仅租华美协进社一间办公室，聘有半时助理一人，梅贻琦月支300美元生活费；补助台湾在美学人研究和台湾大专学校图书刊物，所费仍属有限，基金数亦有积累。至于支用手续，"教育部长"与清华校长皆同意，且提出相当计划，董事会即可通过拨发利息（本金不能动用）。其时政府财政困难，外汇存底不多，大家觉得清华基金是一笔很了不起的数字，各方都想利用和沾润，因此梅校长感受的压力很大，甚至同学会决议在台恢复清华中学。1954年春天有几位军籍的校友，曾当面向梅贻琦提出质询性的要求，梅事后对那次谈话印象极为恶劣。1955年冬天，当局已经决定清华在台复校，而有的官员倡言清华基金是庚子赔款的余额，最好尽量花光，等于"洗雪国耻"。梅校长对此虽然不表示意见，却从心里不赞成，尤其限于委托保管案的事实，也不可能办到。民意代表之中，也有几十位先后探询、关切，甚至约期与梅贻琦会谈。梅贻琦的耐性奇高，每次都历述经过并且详加解说。后来，赵赓飏对记者和熟识的"国大代表"等，也多次分别说明，稍减梅校长应付之劳。这算是筹备复校前的阴风隐疾。

4. 成立"国立清华大学研究院筹备委员会"

1955年12月,台湾"行政院"宣布组织"国立清华大学研究院筹备委员会",张其昀与梅贻琦同任主席,委员有蒋梦麟、浦薛凤、陈雪屏、钱昌祚(清华1921届)、金开英、钱思亮,以及"国防"、"外交"、"财政"、"经济"四部代表各一人,共12人。"教育部"高等教育司孙宕越及赵赓飏皆为秘书。首次会议于12月16日在"教育部"举行,讨论事项:(1)清华基金的运用。(2)清华大学研究院复校规模。会中交换意见的结果,清华基金只能动用利息,清华研究院先办原子科学研究所一所。具体办法俟下次会议讨论。后经梅贻琦与筹备委员个别商酌,并参考台大、政大等"国立院校"的经费、人事及教学研究情形,多次与"教育部"研讨,认为清华基金利息有限,而新兴科学所需之仪器、图书及自海外聘请专家等费,其数甚巨,初期宜缩小规模,即先办一个研究所。校址则俟与"中央"机构洽妥后始能决定。1956年1月,举行第二次筹备委员会会议,议决:(1)校址设在新竹县东郊赤土崎。(2)学校经常费与建筑费编列政府预算,图书设备费由清华基金利息支付。(3)先办原子科学研究所,将来设三个研究所。(4)一旦初步建筑完成,即招考研究生。

会后,"教育部"秘书向赵赓飏传达"部长"指示:(1)交通大学同时复校,只设一研究所,故称"交通大学电子研究所";清华经费充裕,能办三个研究所,故称"大学",且已列入会议记录,宜加筹划。(2)交大主要研究"电子",清华先研究"核子",宜改称"核子研究所"。(3)速草拟清华大学研究院组织规程送"教育部"。(4)从速招研究生。梅贻琦对于这个"指示"提出如下几点意见:(1)增设研究所,须等原子所成立后,视设备经费情形再行筹议。(2)nuclear译为核子或原子均可,唯"原子"流行较早,含义似亦广些,况报告、提议、决议、记录皆已先通用在案,更改似无必要。(3)组织规程可以从缓,清华原有完善的制度及组织规程,可在今后视运作情形再议。(4)招生仍待基地取得,视整建是否顺利再定。梅贻琦除嘱赵赓飏转报"教育部"外,还进而谈了如下进行步骤:(1)先觅定办公处所。(2)招致办事员工。(3)洽定校址用地。(4)基地清理及初步兴建与修缮。(5)约聘大学之主要干部。(6)向美国政府洽定核反应堆经费。(7)筹议核反应堆类型及兴建计划。(8)洽商台湾合作之学术与技艺机构。(9)洽聘原子科学师资,并培植高级技术人员。(10)建筑校舍。(11)招考研究生。正是按照这一行动计划,"复校"工作以"魔术师般的速度"(胡适语)全面展开。首在新竹清理基地,兴建第一批校舍。秋季,招考第一班原子科学研究所研究生,暂借台湾大学上课。从1956年7月起,陆续从美国、加拿大等国聘请袁家骝、吴大猷、邓昌黎等专家教授到台湾为研究生授课。

5. 赴美聘师

1956年2月,梅贻琦率团赴东京出席联合国教科文组织大会。会后飞美,经洛杉矶至旧金山,先后访问Dr. Lawrence、Dr. Danton、赵元任、李卓皓等,详谈科学教育等问题。13日抵纽约,"清理积存信件两尺之高"。接着便开始了"繁忙之接洽活动"。据赵赓飏描述,梅贻琦在美数月,工作繁重紧张,取得如下几项成果:(1)结束清华在美办事处未了事务,仍委华美社孟治代办;(2)"中美文化顾问会"发挥最大作用,主委交程其保代理;(3)原由台湾寄美的中文书刊及在美获得的重要原子科学资料,分批邮寄台湾;(4)已洽妥美国赠送核反应堆价款;(5)洽妥美国原子部门及有关研究实验机构的合作,并允代训练设计、安装、操作、管理人员;(6)初步参观核反应堆数处,待选择决定。以上均称顺利,幸亏多位成熟学者及清华校友大力协助。唯一困难的事,即未能聘得一位专职教授,尤其无人肯任所长。限于现实情况,只能从三个方面努力：（1）本学期如物理、化学、数学，皆在台湾聘兼任；（2）高级物理、原子科学等课，约请海外著名学人短期到台湾讲学；（3）尽可能选拔学有基础的青年学子，送海外进修、见习考察或受训，备建造核反应堆及操作之准备，第二期之专任教师亦借此得以培养。

1956年3月，梅贻琦赴东京及纽约参观原子能展览并参加讨论会；11月赴美洽办定制原子核反应堆事宜。该年，新竹首批校舍（办公楼、教授住宅、学生及职员宿舍）完工，秋季开始上课。

6. 提前招生

若按既定计划，须待新竹建筑完工，教学设备粗具，再行招生，但因种种原因——"最高领导"关切，"教育部长"催促，并有年度预算及员额编制等问题，必须预先确定，不能等待，即决定先行招考研究生。预计建筑完工与设备粗具尚需时日，乃与台大钱思亮校长洽商合作，原则上研究生先借台大上课，并借台大师资与设备。细节问题，委由陈可忠与台大物理系戴运轨主任洽商，并委托台大代办招生。是年陈可忠因有其他急务，确实无法兼办，遂由赵赓飏代与台大联系，并管理研究生；课程安排等事，则由梅贻琦亲自出马，再三与相关学人商酌决定。初步商定事项：（1）招考研究生台大不能代办，须清华自理；（2）研究生的基本学程，聘台大戴运轨、潘贯、李博三教授担任，高级数学由清华约人；（3）清华研究生可住入台大学生宿舍；（4）理化等课的实验，可利用台大设备；（5）清华研究生可视同台大学生利用图书馆；（6）台大所有为清华研究生所用的经费，由清华负担，其数额与手续由钱思亮与梅贻琦直接商定。因清华人手不足，陈可忠主任建议，关于报名、考场布置等事务，可委托师大注册组主任韩宝鉴偕其同事办理；命题、阅卷等，则由梅贻琦本人出面约聘台静农、梁实秋、周鸿经、钟皎光、许照、戴运轨、潘贯、李新民诸教授担任。招考简章参照台大惯例，除大学相关科系毕业者外，另加军事学校毕业生及公私立研究机构人员。考卷制作及密封编号、试题的印制，皆由梅贻琦亲自主持。报名者百余人，赵赓飏负责考生资格审核，准考者93人，借师大体育馆作考场，分初试（笔试）及口试，梅、陈主任，"教育部"代表及赵赓飏均莅临监考。计考完者80人，经命题诸教授会同阅卷后，考试委员会决定最低录取为总成绩200分，合共21人，但有数人未经核准缓受军训，有2人成绩及格而未能辞却台大物理系助教，沈美昌因病请保留学籍，乃另加备取3人。

9月29日新录取的研究生报到，注册者共15人。9月底全部住入台大学生宿舍。10月3日开始，在台大理化楼上课，梅贻琦10时到教室，与研究生作第一次英语谈话（此后每周一上午，梅贻琦均到台大或新竹亲授英语，连续两届之久）。自报到之日起，研究生除上课外，一切生活等事均由赵赓飏受命照拂，除经常向梅报告外，遇有问题均与台大戴运轨主任联系。一般情形尚好，

1956年9月，梅贻琦与台湾新竹清华大学研究院原子科学所第一班研究生合影。

唯有研究生阅览物理系图书等不便,据闻因原子科学研究所所长问题未决,致合作颇有不洽。梅贻琦对研究生(尤其第一、第二届亲自口试授课者)特予深切关注,家境清寒者多予借款济助,毕业后出国进修者例借600美元(绝大多数皆陆续偿还)。第二届研究生(1957~1959)录取23人,到校者有伍法岳等17人,其中3人提前出国。

7. 师资延聘与培育

"所谓大学者,非谓有大楼之谓也,有大师之谓也。"这是梅贻琦教育思想和治校方略的精髓,创办新竹清华当然也遵循这一原则。早在1956年初,梅贻琦即已着手延聘师资。正如赵赓飏所说:"先生多方访问搜求,从'无'至'有'……而人重于物,则延聘教授,确极困难。缘已成熟学者多有固定之职位,台湾教授待遇相对较低,新竹清华之图书设备亦远未充实,皆为延聘师资困难之主因。"即便他有极高的资望,平生接触海内外鸿硕大儒广泛,清华和西南联大有成就的师生众多,半年间直接访问或者间接接触的不下二十位,竟未聘得专任教授一人。为此,梅贻琦"焦虑忧急,日夜不宁"。

不过,梅贻琦虽未聘得专任教授,但先后聘得世界知名大师到台湾短期讲学。袁家骝博士1956年7月自美返台,为新竹清华研究生讲学两周,对一般大学教师、研究生讲授高级物理,并曾"议及核能发电,认为清华原子科学研究,大有协助之可能"。

时任加拿大国家研究院院长的吴大猷博士,毕业于南开大学,学成后任教于北大与西南联大,曾奖掖指导诺贝尔奖获得者杨振宁与李政道。经梅贻琦力邀,虽谢却所长之职,但允在加请假半年(停薪),自1956年11月起驻台为新竹清华讲学四个月。台大研究生及各校物理教师亦广受教益。吴早年曾对胡适提出台湾科学教育计划,是年在台由梅陪同考察各企业及大学的科学设备

1956年11月，吴大猷博士自加拿大到台湾，为新竹清华研究生讲学四个月。图为梅贻琦与吴大猷在一起。

与人才，临行提出全盘改进意见，成为后来推动台湾长期发展科学的基础。

任职于美国阿冈国家原子能研究所的著名青年实验物理学家邓昌黎博士，经梅贻琦延聘，1956年12月到台湾为新竹清华研究生讲学三周。后来每次返台探亲，都会至新竹清华访问，对教学实验及设备研究多所建议，尤其对加速器与核反应堆的运用，贡献颇多。梅贻琦选定研究所的技术人才，也曾送往阿冈请邓指导。1959年2月，邓昌黎再度到新竹清华讲学两个月。

袁家骝、吴大猷、邓昌黎三人，可视为新竹清华（原子科学研究所）创建时期的元勋人物，用赵赓飏的话说就是："对清华初期研究生之嘉惠，对先生之助力，甚至于国人新兴科学之开拓，皆有莫大之影响。"

自1957年7月起，先后有下列名师被聘到台湾讲学：1957年有日本小谷政雄博士、美国李德曼博士、刘易博士、冯彦雄博士、陈省身博士；1958年有钱家骐博士自欧洲到台湾讲学两周；1959年聘孙观汉自美到台湾任教十个月并暂代原子科学研究所所长，发展研究业务，再聘邓昌黎到台湾讲学两个月，聘傅瑞雪到台湾任教两年；1960年，国际原子能总署派戈仁德博士、马慕德教授到台湾任教两个月至一年，滨口博自日本到台湾任教一学期，白约里任教两年；1961年日本斋籐一夫到台湾讲学一学期，真田顺平及神厚富尚亦各讲学一学期，马祖圣校友自美到台湾讲学一年；1962年，徐贤修校友及布莱德博士到台湾讲学一学期……1959年,新竹清华还接受美援兴建核子科学馆放射性同位素实验室及专家住宅。

自1956年秋至1962年春,六年间约聘海外学人22人次到清华任教,大部分由清华基金利息支付薪金和旅费。但基本学科物理、化学、数学等高级课程,仍需教师经常授课并指导研究。在不得已的情形下,梅贻琦特商请台大校长钱思亮代约物理系、化学系教授兼任清华教授兼研究员,以加倍钟点费致酬,并补助两系设备费各美金1万元。数学则另聘师大教授李新民博士兼任。

梅贻琦认为聘请欧、美、日学者来校讲学,终非长久之计。自1956年起,他即在海内外搜罗学有基础的青年,加以培植,以补救青黄不接时期的人才缺乏。他从由军校毕业或大学毕业而在军事机关服务的人员中遴选优秀人才,从企业机关中有学识且从事技术工作有经验者,或借调、或进修、或选择已在海外短期进修者,资助延长研习,着重与原子科学有关学科及技术的研究考察实习。经多方查访联系,先后得七八人,连同原子科学研究生肄业期中即有机会类似学科进修者,一并资助,不仅基础科学师资有了继承人,且借助送欧美参观实习者的经验,组成两三小组,参加核反应堆建造设计工作,再借他们参与建造工程的体会,培养运作管理的技能,访查接洽与分配指导,煞费苦心,非常辛勤。梅贻琦先生耐心呵护,个别培植,自有相当成绩,数十位青年人后来成长为各界领军人物。

创建核反应堆

梅贻琦在台再创业,第一目标是先创办原子科学研究所,而实现这一目标的中心任务是建立一座至少在东亚史无前例的核反应堆。跟随梅贻琦的赵赓飏先生将这一工程进展分成研究设备、电子加速器、核反应堆机件订购、签约前后、核反应堆机房建造、完成——零故障等六大部分。从这个过程中，读者可以看出，当年这位年近古稀的老人为了创业是怎样奔波劳碌的。

1. 研究设备

这一阶段工作之繁重，从1957年3月份梅贻琦的日记中可窥一斑：

7日，自台北飞东京（蒋经国代表乃父至机场送行），转夏威夷至旧金山。

8日，往史丹福（斯坦福）大学参观，吴元黎引导参观胡佛图书馆，陈受荣陪往物理馆，另专看X光及回旋磁力加速器实验室；由Mosely引导说明高能回旋加速器，详研直线加速器650 Mev. 110 ft.数日。

11日，飞纽约……当晚往费城，住顾毓琇家。次日，先参观费大Univ. of Phila.物理系各部分，晤系主任Dr. Ufford，其中有Betatron 25 Mev. Allis-Chalmers，价五万美金。研究生每四人一工作室，盖有书桌。

13日，由顾毓琇陪访费大校长Dr. Hornwell，副校长Dr. Chambers，电机系主任Dr. Brainerd及Faucett退休教授。下午参观展览，收集刊物、报告甚多。晚餐会，同桌有GE、西屋、美国机械等公司代表。主席颁福特科学基金第一次奖与Dr. Niels Bohr，美金七万五千元。

14日，续参观及参加讨论会。

15日，至纽约，处理社务、整理文件及银行报告等。会晤魏学仁、袁家骝、吴健雄、叶公超、刘锴、王隽英、Miss Ferquson等。

17日，与赵元任同访胡适之；函刘易博士，定清华讲学期。会晤何廉、李书华后，晚赴匹兹堡。

19日，赴卡内基学院，在学生俱乐部讲演，中国人士听者五六十人，报告在台观感，竟达九十分钟，听众尚无倦容。晤孙观汉（清华公费生）。

20日，回纽约。

21日，至Cloiseum参观IRE展览会。各公司陈列品甚多，分四楼。到社拆视积存来函。

24日，函杨毓东、陈省身告到芝城期。晤刘易，约定赴台讲学细节。

25日，与何廉及Howard & Boorman（研究"现代中国"负责人）晤叙。

27日，再往芝城，与邓昌黎、杨毓东会晤后，参加Argonaut Endu. & Indust.Superpower会议。先听五项报告再参观，直至下午共参观五处，最后至Argonaut Building详细观览。

28日、29日，继续参观，先后与Lenox & Dr. Taecker讨论。听报告三段后参观图书馆阅览专门书刊，杨毓东往电算室，参观新设之Geoge电算机。晚与邓昌黎、戈宝树及Louise Hagen会谈。

30日，在陈省身家与冯彦雄、杨毓东会合，同往Armour Research Foundation参观物理研究所及核反应堆。

31日，回纽约，与袁家骝、吴健雄、李政道会谈。

……

2. 电子加速器

1957年4月到5月，围绕新竹清华及电子加速器等相关事宜，梅贻琦继续奔忙于美国、日本等地。大致行程，据梅贻琦日记整理如下：

4月11日，与高压电工程公司洽妥，往毕灵顿新厂参观，洽总经理Robinson，Dr. Van de Graaff， Mr. Ellson（服务经理）。参观新厂各部门后，与Ellson谈清华所购加速器之装置上应行准备问题，并约设计人Mr. Hoyne会谈。晚与清华同学会餐，到23人，新会长为林家翘（清华1937届），众皆关心清华复校事。

12日，与杨联陞参观哈佛博物院，Lamont & Boylaston两图书馆中日文部分。晚上，晤王守兢（清华1924届，物理学博士）及卫挺生（清华1911届）。

14日，约晤朱汝瑾、陈省身、李书华、范士奎，并访胡适之、姚崧龄（清华1922届）及严文郁（联合国图书馆）。

15日，华美社奖学金颁奖礼，受者：郑辅廷、吴健雄、朱汝瑾。与孟治一同颁奖。下午Allis Chalmers来谈电子加速器事。晚学术座谈会，与会者30余人，报告清华研究所情形。林语堂致词。

17日，往华盛顿。

18日，与谭绍华"公使"往国务院访Spiegel，由彼约AEC之Carl Jones & Thomas Jones，及ICA代表数人，谈核反应堆事。下午往AEC访Dickson Hoyle（物理部）。晚华盛顿清华同学会聚餐。

19日，应Miss Whipple邀谈洽。下午再至AEC访Pearson，谈有关"落尘"及在台湾观察之手续问题。

22日、23日，清理文件，公函"中国银行"。

24日，与范一侯同往美国机械制造公司AMF原子能部分，访Oestreicher及其研究部主任Neale，谈其小反应炉设计各点，并参观AMF分厂。

25日，出席华美社常务董事会。

26日，往华盛顿出席美物理社团会议，主要总议题为Symposium on the Nonconservation of Parity的一段：（1）Conservation Laws in Weak Interaction——李政道；（2）Nonconservation of Parity and of Charge Conjugation in Beta Decay——吴健雄。以后尚有三段，皆与总题有关者。晚与袁家骝、吴健雄、李政道共餐，再约吴、李到台湾讲学。

27日，清华同学会，到40人，报告清华校务。

29日，与范一侯谈清华校用物品。

30日，至洛克菲洛医药中心访郑师拙（清华1943届）、牛满江（清华1936届）等，参观其新建筑，与郑谈潘贯教授所需之仪器。下午程其保谈华美社工作计划。晚致电陈可忠；寄还李祁女士文稿（学报）；函熊庆来及杨毓东。

5月3日，朱汝瑾谈其化学工程研究，可以在台与清华合作，清华或可补助旅费。赶办赴台文件至夜深。

4日，于袁家骝、李政道、叶良才、范士奎诸君送行下，先飞芝加哥；会晤邓昌黎、杨毓东。

5日，与庄泽宣、陈省身、邓昌黎、冯彦雄谈叙，冯允到台讲学，邓亦言明年三月至台任教三个月。陈省身建议清华多考送留学生。

6日，飞洛杉矶。函电赵元任、萧之的及王信忠，告行期。

7日，先飞旧金山，约王泽民，希其得博士后到台湾任教。晤李卓皓。

9日，抵夏威夷，吊陈福田墓后往参观Coconut Island, Marine Bio. Research Sta.，与Dr. Boroughs晤谈后，参观其工作室。

11日，飞东京，王信忠迎。

13日，晤李熙谋、郦堃厚、沈觐泰诸君，偕往"日美原子力产业合同会议"，参加开幕式，下午参加讨论会，竟日聆讲演。

14日，上午分组讨论，参加C组，主题为原子科学人才训练，下午讨论各种核反应堆性能。曾与美国务院代表Spiegel及AEC之Edwards谈洽。晚与沈"大使"及杨、张二"公使"商谈。

16日，与王信忠、李熙谋参观原子工业展览。认为日本在此方面进步之速，实可钦佩。

17日，参观日本国际贸易展览。下午日本原子学研究机构约亚洲各国（地区）代表会谈。晚约日本东京大学Prof. Kotani会餐，谈请日本教授到台湾任教问题。

18日，与美ICU Dr. & Mrs. Donald Worth商谈颇久，约彼夏间到台湾一月。

20日，访东京大学小谷正雄教授，参观其系中各部门实验室，彼云代洽聘教授，甚恳挚。当夜飞回台。疲乏极矣。

21日，抵台北，翌日即偕陈可忠往新竹，视察各项工程，并计划学生及员警宿舍之整修。

24日，往圆通寺吊周鸿经骨灰。

25日，与"教部"商在美文顾会事。

26日，偕张"部长"至台中，有美ICA施密特、朗格两夫妇，曹文彦、宋越伦等同行——经新竹在清华校内巡行一周——至北沟参观古物陈列所。晚始归，甚疲倦。

3. 定购核反应堆机件

1957年11月，梅贻琦再次经日本往美国，为核反应堆机件之订购而奔忙。翌年4月5日，他与挚友胡适同机经日本返回台北。从此，他就在台湾致力于核反应堆之建造，又兼任"教育部长"，制订并主持"国家长期发展科学计划"，鞠躬尽瘁，直到生命的最后一息。

1957年11月13日，抵达东京，负责核反应堆设计、监造的张昌华随行。当晚应小谷教授邀宴，与今井功、武藤后之助、Kichuchi教授谈核反应堆问题。

14日，Dr. Nasu来迎，约往东海原子力（核能）研究所参观JRRI（50千瓦沸水式）及范式加速器实验室（2 Mev. Vertical），特嘱张昌华详加考察建筑及设备情形，作为工程设计之参考。全天参观并与各部门主管讨论，虽感疲倦，但收获良多。

15日，偕张昌华往东京大学，参观其核子研究所，见其规模不小，该所主任详加介绍，据云筹设已四年。张昌华又专门请教其向美国订购之经验：美国制造此项大型器材厂家不多，为争取销路，有的压低表面价格，故意将全部造价分成几部分, 以机组之本体报价, 不包括附属设备及维修所需配件, 造成低价之假象。迨本体机件完成后, 必须添购附加机件, 往往调高价格数倍, 致买方吃亏甚大, 必须预为防范。此义非常重要。

当日连夜飞往美国, 张昌华将此次谈话结果报告后, 认为中途在日停住一天半, 收获甚丰, 对核反应堆之订购, 有极高参考价值。

16日晨, 抵达旧金山, 赵元任等接机, GE公司Jack Williams亦到机场欢迎。因太疲倦, 与之略谈, 即约定18日往洽并参观。

17日上午, 偕张昌华至American Standard原子能部分, 访晤材料部经理Mr. Rey 和 F. Crews, 以及物理技术专员 Mr. Ken 和 T. Chen, 洽谈核反应堆器材及价格, 以备选购比价之参考。

18日, GE公司代表接往San Jose之Atomic Power Exit. Dept., 谈判核反应堆工程及器材装配各点, 下午参观其原子工业工厂及DBWR。此与核反应堆建造及机件装配之细节关系密切。张昌华自诩精通土木工程, 但对核反应堆机房之新建所知有限, 因此参观甚为细心, 一有机会, 则不惜周详询问。晚与清华同学谢保樵、吴泽湘等餐聚。

19日晨, 飞往芝加哥, 杨毓东等接机, 约定行程。晚与张昌华、杨毓东晤邓昌黎, 详细商谈。

20日, 与杨毓东会阅所集各厂家资料及说明, 认为五家公司中以GE之规格最适合采用, 但价格最高。张昌华单独往访林可胜博士。晚, 详阅GE之Reactor Proposal, 以备次日之研讨, 深夜始寝, 甚感劳倦。

21日, 与张昌华、杨毓东同往GE公司, 商谈竟日。

22日, 邓昌黎接至阿冈实验馆, 与律师Walen及人事部Drim商谈周长宁身后事务之处理办法。中午访阿冈实验馆主任, 谈约邓昌黎赴台湾讲学事宜。晚约戈宝树、郑振华, 与张昌华同往芝加哥, 出席学界同人聚餐会, 到许烺光、钱存训等约五十人。梅贻琦简单报告台湾教育、科学及清华复校情形。

23日，偕张昌华飞纽约，邓昌黎、杨毓东送至机场。抵纽约时程其保、魏菊峰等迎往七十七东街新居，张昌华随其亲戚往长岛住宿。下午，访胡适，谈"中央研究院"事宜，转达当局意见。

24日，张昌华约另一工程师来谈。

25日，偕张昌华赴"华美社"，拆阅积存函件，两三日始大致清理，随后处理社务。午与范一侯、李书华、魏学仁、何廉、于斌、程其保、孟治等谈社务及新竹清华事宜。

27日晨，赴"华美社"，与杨毓东（26日夜自芝加哥飞来）及张昌华三人同往GE，与Marchell谈判核反应堆定价，至下午三时始有初步共识；四时再至AMF与William Boutelle和Miel两君续谈契约内容，范一侯在座。

28日，偕张昌华、杨毓东往费城，顾毓琇接机，带往请教工程设计事。

30日，张昌华、杨毓东先返纽约，准备决标事宜，随回纽约。

12月1日，约张昌华、杨毓东与范一侯会谈核反应堆工程议价事。

2日，偕张昌华、杨毓东至Plainsboro参观。Boutelle等来接。参观Pool-type Reactor。下午参加"华美社"三十周年社庆，晤董显光、郭秉文、曹文彦、郑辅廷、刘锴、胡适等百余人。晚返纽约。

3日，偕张昌华、杨毓东至GE公司，与Marchell等会谈。因GE价格较高，核减无据，必须分别与各厂详细调查，比较每件性能及单价。但本案之时效亦至关重要，因美国所允拨赠之核反应堆半数赠款，要求核反应堆计划完成，直至反应器正式运转后，始能付款，其间利息之支出，全由新竹清华负担，固必尽早采购，从速施工，方可节省建造之成本。权衡事实与时效，乃积极偕张昌华、杨毓东再分赴各地参观访问，以资比较，而便于议价决标。据杨毓东所得资料，五公司中北美公司因资格不合免列。

5日，杨毓东回芝加哥，张昌华往剑桥与高压电工程公司商洽。

7日，与"中基会"叶良才洽商新竹清华借款事。

9日，竟日忙碌：（1）定赴华盛顿卧铺票；（2）电杨毓东；（3）上午GE公司Marchell来谈；（4）中午，赴银行提款；（5）下午三时，Boutelle等四人前来商洽；（6）下午五时，AMF之Fan等前来议事；（7）赴游建文晚宴，遇徐可亭、薛光前、陈庆云等；（8）与张昌华会合，搭车赴华盛顿。

10日，晤台湾驻美国"大使"董显光等。下午AEC派来Mr. Furnia接往橡岭。在Knoxville机场候杨毓东（自芝加哥来），晚与张昌华、杨毓东详商订购核反应堆事至深夜。

11日，到橡岭实验馆，先参观化学部分，晤Dr. Boyd和Dr. Blizard等。午后由Dr. Maienschen陪往"水池式核反应堆"参观，并讨论炉池设计问题。下午访晤实验馆主任，谈洽后参观Van de Graaff Machine。晚Dr. Boyd迎往其家中小饮，晤东吴大学首创人Dr. Nance及陪客十三人。

12日，再往橡岭实验馆，由Dr. Atwood引领参观生物部门之一、二、三、四楼各处室。继至医药部门访Dr. Brucer，参观其各种科研设备。至午夜，始与杨毓东驰往机场飞华盛顿。张昌华留下参观TVA之Norris Dam。曹文彦与文化顾问会郭秉文主委联合宴请，到萧庆云、袁同礼、黄中、高宗武、宋晞等三十余人。餐后郭秉文报告在台湾各科学机构之近况。

13日，赴董显光官舍午宴，陪客有美AEC四位负责人Mallison, Pearson, Karl Jones, Fuseria等。下午飞纽约，赴郑辅廷晚宴，席间不觉酣睡，盖疲倦已极矣。

4. 签约前后

关于核反应堆机件订购事宜，为慎重起见，在签约前仍有若干工作需要准备，有很多细节需要考虑。赵赓飏回忆：据闻，魏学仁知悉GE公司承办某核反应堆绩效不佳，说与胡适，致使胡适亦反对与GE签约。经杨毓东一年多的奔走考察，并亲自参观比较，仍愿采购GE之机件，故不得不再研究讨论，设法弥补其缺点，妥为预防。此节为期约两月。从梅贻琦日记所述可以看到梅贻琦的工作紧张而不失周详。

1958年4月3日晨，GE公司派车接梅贻琦到San Williams，与Dalton Mehann详谈核反应堆炉房建筑与机件装配之协作，必要时GE公司可派员至台湾协助。下午，杨毓东亦到该厂。晚清华同学聚餐，恰巧胡适自纽约飞来，袁家骝、杨毓东为来宾，到三十人。胡、梅、袁等分别致词。

4月4日，梅贻琦与胡适同机飞抵夏威夷，与陈福田夫人、萧之的及Prof. Moore小聚。

4月6日晨，抵东京，王信忠、裴元龄、张伯瑾、崔万秋、宋越伦、马君夫妇接机。下午与胡适同访沈"大使"。晚偕胡适与清华同学会餐，共八人。

4月7日，梅贻琦与胡适谈罗家伦、陈雪屏来电，述及台大教授徐君与李某在台印发匿名小册子评胡事，适之笑谓照例置之不理。午宴王信忠约有可能往台任教之学者：Dr. Katoni, Dr. Yamanouchi（山内），Dr. Imai（今井），Dr. Sukurai（樱井）等数人。晚沈"大使"宴胡、梅二先生，日本文化、新闻界约三十人赴宴。

4月8日下午，飞至台北松山机场，陈诚、张群、蒋梦麟、钱思亮夫人、查良钊及清华、联大校友约三百人接机。在机场与适对记者略谈。

梅贻琦赴日、美一行，仅三月余，虽极紧张辛劳，但订购核反应堆签约，并已获建造计划要点，确已不虚此行，颇感欣慰。不过，清华复校问题尚多，困难重重，唯以核反应堆机房建造及机件装配为主要艰巨工作。

5. 建造核反应堆机房

在核反应堆机件订购之前，先经周咨博访，并详细参观考察美、日已有的核反应堆,分别比较各部分优劣,多次请教台湾驻美、欧、日本对此内行的专家,及国际研究有素并执行建造的学者与技术人员,复派专人在美经常研究实习,搜集有关资料,遇有疑问即与相关人员调查比较并印证,再随时与国际知名的台湾学者分析研讨,可谓万分慎重,思虑周详。

水池式核反应堆机件既已签约订购,梅贻琦回台后当即着手建造机房设计。一俟机房竖起,即将核反应堆机件运来,加以装配。

关于机房建造,主要为土木工程,附带水电设备;但上项设施必须完全适合机件装配的便利,始能利于操作,此所以预先花费年余时间,许多专门人才参观实习与反复研讨。

原子反应器必须在外表密封之巨大水池的包裹之中,故炉房设计,外围为六十英尺长、四英尺高、十英尺厚的特制混凝土密封实体。据建筑师张昌华说:杨毓东报告梅先生考察的经过,得悉塑造此巨大的水泥实体,绝对不能有任何缝隙,否则核子反应器所产生的辐射线可能会发生泄漏,从而造成大规模灾害。因此在美国研讨施工时之必要过程,必须用水使水泥冷却。灌浆时因拌合水化作用,必产生高温;而过后周遭温度下降,势必造成某种程度的裂纹。为防此缺欠,美国的某核反应堆,乃在反应堆的内壁水泥面上,涂厚油漆;事后发现无效,我们参观时,彼方正在刮下油漆,但工程浩大,效果不佳。梅贻琦所领导的技术人员,在美国、欧洲多方考察,经会商后建议,在水泥墙壁内采用新合金板,加入水泥中层。施工过程中,必须随时予以冷却,务使龟裂情形减少。此方案初由杨毓东提出一设计图,张昌华认为可行,梅贻琦决定即交张昌华照此施工。

6. 完成——零故障

当时创建核反应堆,中国台湾毫无经验,欧美先进国家人才济济,但亦多在摸索中试办，大小难题仍不断发生。所幸梅贻琦借处理清华基金之便，在美与夙识学人及美国专家常有接触，便中多方考察咨询，策动权威学者比较研究，复发动台湾企业机构与各类技术专才通力合作，逐渐了解要点，发掘并解答若干难题，按部就班，循序赶工，仅选购核反应堆机件，即费时两年，动员甚多人才。在克服重重困难后，东亚第一座核反应堆，从1958年12月16日开工，中经无数次谈论、检讨、修改、补充，终于1961年4月中旬全部完工，宣布临界，正式试车，以"零故障"大获成功。

不过，过度操劳的梅贻琦自1960年5月患病倒下后，再也无力到新竹工地视察督导，但在医院仍不断谆谆查问，多次召集相关人员了解进展。遇有困难，尚须指示或补救。1961年4月12日，原子反应器全部装妥，准备正式试车。事前人们因此庞然巨制内容繁复，对试车成功与否无完全把握，故只邀请了台湾合作机构及"中央日报"，竟招致新闻界（甚至胡适）不满。试车时，非常顺利，专家及GE公司技术人员都承认"零故障"。梅贻琦先生在病榻上闻讯，兴奋非凡，几于起床赴新竹亲自视察这一难得的成果。但此时梅贻琦病得很重，癌细胞已扩散至全身，绝对不可能离开医院。万不得已，梅贻琦就致电胡适院长，商定择于1961年12月2日——世界第一座核反应堆临界日——举行启用典礼。胡适建议，请"行政院"王云五副院长、"教育部"继任部长黄季陆及胡适本人三人共同主持典礼。但经多次讨论，限于事实，决定典礼在台北市举行，由王云五先生按钮，电传新竹清华大学核反应堆同时开始正式运转。梅贻琦在医院病床上借收音机音讯，享受此伟大事业完成的喜悦。

相关链接

1958年4月8日，梅贻琦与胡适同机返抵台北，9日即偕陈可忠、赵赓飏前往新竹，与冯彦雄、刘易二教授晤谈教学情形，下午到后山勘查核反应堆地点后回台北。5月25日，物理馆落成，核反应堆基地破土典礼举行，到校来宾有陈诚（"副总统"）、张其昀（"教育部"部长）、胡适（"中央研究院"院长）、庄来德（美国"大使"）等，由陈诚主持破土典礼。自此，此项在"复校"中的主要工程即以"魔术师般的速度"运行起来了。同年，成立清华原子炉建筑工程委员会，7月聘陈可忠教务长兼任原子科学研究所所长；同月，梅贻琦出任台湾"教育部"部长；12月，核反应堆机房工程开工。1959年，台湾"国家长期科学发展委员会"成立，胡适任主席，梅贻琦为副主席。同年，接受美援兴建核子科学馆放射性同位素实验室及学人住宅；5月，《清华学报》祝寿特刊第二期出版。本年，先后完工的建筑有：核反应堆房、核反应堆实验馆、学人住宅、核子工程馆、同位素实验馆。1961年，核反应堆装置完成，4月13日临界试车。科学仪器馆及物理馆扩建工程开工；教职员宿舍第二栋完工；12月2日，核反应堆落成典礼在台北市举行，由"行政院"王云五副院长、"中研院"胡适院长、"教育部"继任部长黄季陆三人代表梅贻琦校长主持，由王云五按钮。12月5日，清华校友举行茶会，庆祝梅贻琦校长长校三十年，并由海内外校友致送贺仪。1962年2月，物理馆扩建工程及科学仪器馆完工。

兼任"教育部长"始末

作为一名成就卓越的教育家和社会贤达，梅贻琦历来为执政当局所倚重，常欲委以重任，但他从未为之所动，因为梅贻琦是纯粹办学的教育家，他的心属于教育。但到台湾后，在万般恳辞而不得的情况下，他勉强接受台湾当局委托，在不放弃清华事业的前提下，兼任"教育部长"。在做好繁重的清华

"复校"事业的同时，梅贻琦以一贯的敬业精神，领导台湾教育部门，大力促进教育水平的提高和科学技术的发展。

1958年7月7日午前，梅贻琦接到王世杰打来的电话，告知陈诚已奉命兼任"行政院"院长组阁，约梅于翌日上午面谈。梅于当天晚上"遄返台北，即闻浦薛凤报告，陈诚托劝梅担任'教育部长'；梅曾邀钱思亮、陈雪屏、浦薛凤、查良钊等会商如何推卸问题"。

8日上午，梅赴草山谒陈诚，陈果然面告奉命组阁，并已得蒋介石同意邀他出任"教育部长"。梅向陈陈述："清华复校未竟，核反应堆须亲自主持建造，希能于限期内完工，势难兼顾行政事务。"并先后举荐堪当此任者四五人请予以考虑，但"陈院长坚执不移"。梅又申说："新竹须经常往驻，又时须出国，而'教育部'主动被动之政务至繁，甚至许多会议如'行政院'会、'立法院'各会等，接受校务牵掣常不能出席，实恐偾事。"但陈诚仍坚持原议，只答应商讨如何例外解决困难，仍"盼勉为之"。当晚，梅又邀陈雪屏、浦薛凤、查良钊、徐宗涑、陈可忠、钱思亮、刘崇铉及赵赓飏等十数人，商讨对策，最后决定在不辞清华校长之职的情况下兼任"教育部长"。

梅贻琦在当天日记中写道："午前十一点往草山访陈'副总统'，果不出所料。余提李润章、罗志希、曾约农等皆为适宜之人选，而未允考虑。中午王世杰来，同留午饭，陈夫人在座。饭后与王同车返台北。晚七点江良规夫妇饭约于阳明山蔡寓（Harrey Toy），饭后回寓再约查、钱、陈、浦、徐宗涑等一谈。雪屏原亦应可长教部，但被邀任秘书长，看来似难推辞。余更有顾虑者，清华事实不能不管，或请可忠代所长。"

7月11日，梅贻琦约浦薛凤任次长，浦允考虑。7月14日赴新竹陪GE公司代表参观后，讨论核反应堆工程。晚报发表内阁名单，"知已成定案，无可推脱矣"！19日举行交接仪式，"政务委员"王世杰监交。梅贻琦致词时"对同人提醒一义：希望多注意'教育'而少关心'部'"。

从1958年7月19日接任，到1961年3月1日卸任，梅贻琦在"教育部"任内共历时两年又七个半月。期间，首先，他以其一贯的教育思想和理念，为台湾的教育起飞奠定牢固基础；其次，不论是在道德风范还是忠诚职守方面，他同样为所谓"文人从政"者作出榜样。赵赓飏在总结梅贻琦这一段时期的工作时评述说：

综述其两年余的政绩，教育文化界人士多认为：一、第一年，代前人弥补偿还亏空约千余万元，恢复机关信誉（不动声色，且无片言宣传及怨词）；二、遵照"行政院长"精简机构与人事政策，大事裁并所属单位及人员，节省国库开支；三、遵命办理疏迁以作防空准备，力求简约；四、划清权责，授权所属单位及地方政府放手发挥，改革行政之风习——以上为比较消极但甚吃力事项；五、强力提倡科学教育，且力求普及，以实现其生平夙志，奠定此后多年培植科技人才与企业潜力之基础；六、就多年与外国机构和国家硕彦等旧识，凭历久的互信博得海外人力与财力（包括国人）的巨大支援；七、借发展科学以提高教授收入，而倡导研究学术风气的落实；八、利用美援充实各级学校新式设备，并大批建造学人住宅与学生宿舍：时期虽短，而推进成风，确有相当续效。吾人于二十余年后检讨，先生以七十高龄，为国忘家，不矜不伐，虽自谓无赫赫震世之功，而默默耕耘的影响学风与国家前途者，堪称既深且远，愈久弥彰——尤其长期发展科学的运作，乃近代以来最具前瞻性与具体性的事功。

另外，梅贻琦在"教育部长"任内度过了他生命的"古稀"之年，台湾政界尤其是学界对这个日子也很重视。

1958年12月29日上午，蒋中正"总统"亲自到梅贻琦办公地金华街，祝贺梅七十寿辰。朱家骅"院长"亦驾临金华街赠酒一瓶。梅贻琦在新竹，引周简文、阎振兴、查良钊等参观学校，中午为张昌华、阎振兴等备席四桌，与校

梅贻琦70寿辰，与胡适（左）、蒋梦麟（右）在一起。

中同人餐聚。饭后与阎周二君同返台北。次日上午，梅贻琦先至"总统府"，晤张群秘书长谢步，转托向"总统"代致拜谢之意；继往陈"副总"府邸，留片道谢。11时到"部"办公。下午4时半，"教育部"同人置酒会祝寿。晚6时到中山堂光复厅，参加清华、西南联大及南开同学祝寿餐会，到者四百余人，刘崇铉主席，蒋梦麟、胡适二人各致短词，梅贻琦致谢，提及Courage of the Commision Place的意义。

致力发展科学

现在一般都公认的，包括中国台湾在内的所谓"亚洲四小龙"的崛起，主要靠的是两根支柱，一是教育，二是科学。而梅贻琦（以及胡适等一批早期抵台的学人）恰恰就在这两方面起到了倡导和主导作用。梅贻琦的事功，除上面所述的方方面面外，就是他和胡适先生一起主持的"长期发展科学计划"。

正如赵赓飏先生指出的那样："先生一生笃信科学，终身热心于科学之研究与推广，堪称'鞠躬尽瘁'却死而未已。"

1. 以科学为毕生事业

早在20世纪20年代，梅贻琦在清华任教时，他就利用寒暑假或清明春假自动地、义务地到直隶保定府各县的中学作推广科学的通俗讲演。他曾说，他去的地方很不少，有的地方连骡车都不通，全靠步行，但因所得反应强烈，内心的快慰抵消了所有的辛劳。另据孟治回忆，他在中等科四年级的时候，加入社会服务团，"先生鼓励我在星期或假日，举办通俗讲演，并借给我各种仪器，作表演日用科学的道具"。

在主持清华大学和西南联大时期，恰逢政府的教育政策向理工方面"侧重"，梅贻琦就增办工学院，并配合抗敌建国的需要。在经费拮据之时，仍勉力创办并艰苦维持"特种研究所"，裨益战力与建设人才的培育。在美国寓居时期，协助恢复"中基会"运作，并利用清华基金利息，与胡适、李书华、于斌、董显光、赵元任、何廉、孟治、程其保、袁家骝等广泛开展"中美文化"事业，得以联系在美成名的中国学人与美国文教机构，作国际科学界的密切合作，济助中国学人在美的研究出版。

为在台岛再创清华大业，筹办原子科学研究所，梅贻琦遍访美国各地科学研究及工业技术机构与人士，深感中国科技落后，必须急起直追；而考察台湾各大学与企业缺少研究计划及人员有断层之忧，就广揽人才加以培植。

由此可见，梅贻琦的平生志趣在科学教育，且有教育哲学涵养与切实主张(主要反映在其遗著《大学一解》中),绝非一时的随机应付。他随时随地都在利用环境、人事、机缘,配合社会需要,点点滴滴,默默推进。从担任"教育部长"伊始,即运思于此,物色推行助手,开始策动。其兼任"部长"为时虽短,但在百忙之中,日夜萦怀,坚毅谋求,不遗余力;甚至交卸"部长"职前夕,仍向美方商洽经费与人才援助,竭尽全力地为中小学设计切实有效的科学教育办法。至少在1958~1961年两年半的时间里,即便像他自谦为"长远计划之开端",事实上已具有相当落实之基础,功业为公众所肯定。

2. 与胡适等共谋台湾科学事业之发展

1949年冬,梅贻琦为清华基金事由欧赴美,从旁协助"中基会"恢复人事与运作。约同胡适加入"华美协进社",通过"中美文化事业顾问委员会",发动"中美文化"联系,博得在美中国学人,群策群力,对梅的各种倡导遥为声援,并关怀台湾学术研究。

此前,吴大猷博士曾提出发展台湾科学的意见,经胡适转致而得梅贻琦的欣赏,并获李书华、袁家骝、吴健雄、杨振宁、李政道等人赞佩。

梅回台筹备复校,自始即感新兴科学师资与技术人才难得,一方面广邀在海外的成熟学者,一方面搜罗培植台湾的青年人才。两次出访,均曾向美、日、欧寻访可以任教的学者,历久渐思如何自中小学及师资作根本的普及运动,遍撒科学种子的教育大计。除搏节清华基金利息,尽量奖助海内外大学教授研究,补助台湾各院校图书设备外,仍感经费距需要数量尚远,供应规模不大,延续性又小,拟更广泛向当局与社会呼吁,筹划久远而深入的计划。

1957年4月,"中央研究院"举行第二届院士会议,院长朱家骅征求发展科学的原则,经院士会议讨论后,决议请"教育部"研拟确实计划,再商"中研院"请"政府"颁布施行。梅贻琦虽然闻此讯息欣喜,但觉得"教育部长"似缺少推展的决心与毅力。他曾在"教育部"学术审议会参加讨论,部中将此议拟订草案呈经"行政院"核定,不过未估计经费确实的来源,所以他11月再到美国,对胡适、吴大猷、袁家骝博士夫妇等谈起来都觉得可惜。

这年冬天,"中央研究院"院长朱家骅突然去职,胡适继任。梅、胡二先生碰巧联袂(在旧金山相遇)自美回台,旅途中及在日本都曾提及由"中研院"倡导科学计划事。胡适先生4月10日就职之前,3月间即将请吴大猷博士拟具的"发展科学、培植人才"的基本方案及五年计划一文带回,会同梅贻琦跟"政府"当局和有关朋友研究讨论。经过一个多月的研讨,修改了多次,5月初拟定《"国家"发展科学之五年计划纲领草案》,而且约略地估计经费数额,按五年逐渐增加分配。

梅贻琦就任"教育部长"后,拿出"行政院"已核定的《草案》,由部次长和主要人员参酌吴大猷的原议加以研讨,再由梅和胡商同修改,确定了推行的组织轮廓——以"教育部"和"中研院"评议会为主体。胡、梅二先生约集"教育部"两次长、台湾大学校长、"中研院"总干事、评议会秘书、"中研院"院士李济、林致平、赵莲芳及研究所所长等,先后集会商讨多次,将附具体办法和经费概算的新《计划纲要草案》以胡、梅二先生名义,提请"行政院"重新审议通过。梅除满意之外,觉得责任重大而事情繁难,他不爱说话,而常为此忧烦,事后所悉,此大计划确有推展不易之处。

梅贻琦觉得"国库"拨款困难,且不易按年分别筹措,特别设法由"教育部"向美商洽美援。此节以梅贻琦一向得美方钦佩支持,尚易做到;但美援有一通行原则,必须自筹相对基金,此事"国库"无法筹拨,即使列入"国家"预算,"立法院"亦难为通过;乃由"教育部"会商经济财政部门,再由"副总统"出面,商由"国营"及公营企业之盈余中筹拨其相对基金。

梅贻琦到任"教育部长"后,曾于8月间拟归并中等教育司与国民教育司为普通教育司，而增设科学教育司，以专负发展科学五年计划之责。因遭反对，其议遂罢。但他认为科学教育重点有三：一为培养高级人才，加强研究机构，须充实台湾各大学设备，提高师资水准，减少人才外流；二为普及科学教育基础，从小学、中学、师范起，做扎根工作；三为除立即纠正现有之阙失与一般之落后观念外，科学运动并须具持久性，只有点滴积累相当年月始可奏长远之效果。

1959年1月8日，梅贻琦在"行政院"院务会议中，重提科学发展五年计划案，并正式通过。可惜经费第一年受战事影响，已难维持原案数额。当日他向记者宣布全案要点："初步计划为期五年，内容包括科学研究的建设、科学研究的设备、海内外师资的聘请、教授及研究生待遇办法，以及研究生之缓役等问题。美驻华安全分署教育组长许明德，一向支持台湾教育事业，甚为热心，对此案将有大量援助。台湾教授及研究生待遇，于此案实施后将尽量提高。"

17日，"行政院"公布了《"国家"长期发展科学计划纲要》全文，要点如下：

（一）设置"国家"发展科学专款，订定长期计划，自1959年1月起开始实施。

（二）上项专款分五年筹齐，其第一年款额定为新台币2000万元，美金20万元。

（三）由"教育部"与"中央研究院"评议会共同组织一主持此项工作之机构；前项专款由此机构逐年拟具计划分配经费，经核订后交"教育部"负责实施。

（四）专款的用途，定为下列六项：（1）充实各研究机关及各大学科学研究设备，以已具相当基础者为主。（2）设置"国立研究讲座教授"，由主持发展科学研究机构审定聘请，由专款支与研究费，分赴各大学讲学。（3）设"国家客座教授", 亦由上述机构统筹聘请, 作短期讲学。(4) 设"研究补助费", 其对象包括大学院校教师、研究机关研究人员及大学研究生, 以鼓励其专心研究。(5) 逐年添造"学人住宅", 由专款担负其经费。(6) 各学术机构的学术研究刊物, 由此专款负担其经费。

(五) 此项专款协助之范围, 暂以自然科学、基础医学、工科及人文与社会科学为主, 而用于自然科学、医学及工程者不得少于总额的80%。

(六) 中等学校普遍加强科学教育、充实仪器设备等项, 应由"教育部"另订详细计划, 宽筹经费, 配合本纲领, 分年实施。

(七) 凡专习自然科学、基础医学或工程之研究生, 在研究所毕业后仍继续其专治所学者, 得呈"国防部"核准其缓役——而以其人专治所学之期间为限。

3. 组织五年计划

关于《"国家"长期发展科学计划纲要》的筹划, 赵赓飏根据梅贻琦1959年的日记作了详细记述:

2月1日 (星期日), 上午10时, 在南港"中研院"举行"中研院"评议会与"教育部"联席会议, 出席评议员朱家骅、凌鸿勋、王世杰、"教育部"梅部长、浦李二次长、司长罗云平; "中研院"院士李济、赵莲芳、李先闻、台大及各大学校长等24人, 通过《"国家"长期发展科学委员会组织章程》, 并宣布委员会正式成立。中午继开第一次会议, 推定胡院长为主席, 梅贻琦为副主席 (在英文称Co-chairman, 但为符合汉语习惯, 梅主张译为正副主席, 院长为正, "教育部长"副之, 作者注) 共同主持。设执行秘书一人, 由"中研院"评议会秘书担任。最高机构为全体大会, 下设执行委员会, 委员27人, 负责实际推行的工作;

主席与副主席同为大会及执行委员会主席，任期两年。另设各项学术性的专门委员会，每专门委员会由主席和副主席聘请7位专家担任委员，其中两位担任召集人；委员任期各一年。当时推举王世杰、李济、李先闻、钱思亮、浦薛凤、李熙谋及杨树人为执行委员。

2月6日，杨秘书草拟本会办事细则，胡院长嘱送核阅。

2月9日，上午10时，在金华街举行执委会第一次会议，到胡、梅、王、李济、钱、浦、李熙谋、杨共八人。杨报告：12日起在"中研院"总办事处开始办公，在不妨碍本院工作原则下，约定"中研院"职员万绍章、王懋勤、胡颂平为兼任秘书，王大文、朱受颐兼任专员，仝繁初兼办事员，另技工3人兼临时工。自3月份起，皆酌致交通费，每日下午办公，"教育部"亦将调秘书、干事各1人。

2月13日，晚7时，执行委员会在金华街先生寓所会谈，到胡、梅、王、李济、李熙谋、杨共6人，讨论"专款运用办法"未定案。

2月18日，晚，约执行委员会委员晚餐，讨论设置专门委员会事宜。2月19日补发杨树人"执行秘书"聘书，仍自2月1日起。

3月8日，下午，李熙谋来，与谈科学发展会美援款之分配问题。

3月25日，下午3时，在金华街召集执行委员会，除杨树人外全体到会，讨论专门委员会问题，拟设数理科学、生物科学、人文与社会科学三个专门委员会。最初拟设数理、生物与科学委员会，但传说文法科教授极表反对，嗣加人文学与社会科学一专门委员会。又传说教育类未列入，有某资深教授托赵赓飏向他提"严重警告"，多人认为此计划不仅发展科学，最切实际者乃增加教授收入，如有某类学科人士向隅，恐将誓死力争，且已有人开始签发传单云云。赵赓飏晚间转达，答谓已知情，并谓"胡院长亦得人报告，唯科学会已增列人文与社会科学委员会，教育学亦不例外，唯经费偏重点，仍须以对数理生物（包括医学）为主"。言下对于若干人士只重实利而不体察国家大计，实非学术界之正当态度，为之叹息。

3月31日，晚，访胡院长，适胡在医院割除后背上粉刺成疮，与略谈明日执委会事项。

4月1日，下午3时，执委会在金华街开会，讨论本年度预算。胡院长病假。

4月11日，在金华街开执行委员会第四次会议，胡院长因背部割疮手术后未休息，演讲着力伤口逆裂，住院多日，数次会未能到。

4月27日，晚，胡院长在医院函杨树人，谓"客座教授经费"下，若加注："若能改在美援之美金部分支付，则改用美金之等额台币一律移作'研究讲座教授经费'，此意乞与梅先生一谈，如何？"

5月1日，下午三时半，举行执委会第六次会议，通过"专款运用办法"（共12条），要点如下：（1）为求专款之使用，合于原"纲领"所定六项用途，特定此办法。（2）本办法所称学术机关，在最初两年内，暂以公立大学院校及研究机构为限。（3）用途之审定，须先经各专门委员会审查，再由执委会决定。（4）用途之决定，须顾及数理科学、生物科学、工程学、农学、医学及人文社会科学各方面之需要，并兼顾各年度经费之多寡，与各学术机关之实际需要。但用于自然科学、基础医学及工程基本科学者，不宜少于总额的百分之八十。（5）已有研究基础之学术机关，每年在定期内可以书面叙明计划与预算，申请下列补助：①专门书刊；②仪器及实验用品；③建筑及装备。讲座及客座教授所需特别设备费，应由机关代申请。以上款项酌情一次或分期拨付。（6）国立研究讲座教授，由机关首长提名，由本会聘任。其资格：①现任专任教授或研究员者；②已有研究成绩（国外发表著作）且正研究者。除在申请机关供全部待遇外，本会每月致送三千元，以十二个月计。为工作需要得雇佣研究助理一至二人，本会负担酬金。连续满三年以上，得由其机关提出计划，请假半年出国研究。经本会同意，应负担其旅费、研究及生活费。讲座教授不得在他机关兼有职务，如应研究需要必须兼课者须其机关同意，但每周不越四小时，不得兼薪。聘期一年，得续聘。聘期满前一月，须将研究报告送达本会。（7）本会每年设客座教授若干席，延聘在海外专门学者来台讲学。执委会得聘中国学者组织"推荐委员会"调查可归国讲学者，详列其学历及专长学科，随时报告本会。执委会依调查资料，经专门委员会审查，并商洽学术机关决定，依本会名义正式聘任。其讲学费、来往旅费、住宅皆由本会以讲学时间及个别情形分别供应。（8）每年酌设研究补助费名额若干，各学术机关得依助教以上至教授或助理研究员至研究员，提出专题研究计划，申请补助。期间一年为限，其计划以一年可完成者为限；其须长期研究者应作分期计划申请。此项补助费之申请，须申请人之学历及已发表之研究成绩；其所拟之详细研究计划，包括方法与步骤及预期之结果（计划须与机关设备配合）。补助费分甲乙二种，副教授及副研究员以上得申请甲种，每月补助台币一千六百元；乙种八百元。在受补助期中不得兼其他机关之职务，如因合作必须兼课者不得过四小时，且不得兼薪。每学期终了前一月应将工作报告送达本会。（9）为客座教授，本会得与学术机关合作，建筑学人住宅。其建筑费由本会供应或与合作机关分担。实际设计、招标、营造等事得委托各合作机关办理。（10）为发表研究成绩之便利，得经执委会之决议，专案补助学术机关之刊物出版费。（11）施行如需另订细则，由执委会决定。（12）本办法由"中研院"及"教育部"会报"行政院"转呈"总统"备案。

4. 宽筹发展经费

1959年5月21日，梅贻琦邀胡适同访陈诚，谈科学会经费。22日晚，梅贻琦在寓所召集第二次执委会临时会，讨论讲座教授设置问题，决定延期一年，待1960年7月开始。5月29日上午约胡适、钱思亮、霍宝树等至农复会洽谈将"中基会"补助台湾各大学教授进修金改作"讲座教授"研究费办法。6月3日下午，梅贻琦在"教育部"为科学执委会约大专院校校长十余人，会商科学发展事宜。6月5日，在"教育部"约美国IAEA诸君与在台各科学有关团体代表20人，会谈科学发展问题。6月13日下午，他约新聘科学发展会之专门委员会委员，举行谈话会。计有生物科学专门委员会委员梁序穆、刘淦芝、李先闻、王世中、林渭访、魏火曜，数理科专门委员朱家骅、钱思亮、李熙谋、林致平、陈可忠，人文及社会科专门委员李济、王世杰、沈刚伯、毛子水、浦薛凤、黄正铭、姚从吾、杨树人等到会。6月17日晚9时，他召集执行委员会在金华街开会（只王世杰未到），讨论各大学申请补助及各组分配款额诸问题，未获满意决议，11时散会。6月19日，科学会拟就与各研究机关公文稿。6月26日下午，他召集执委会于金华街寓所，接受三个专门委员会关于科学设备补助支配审查报告。6月28日中午，梅贻琦与胡适在献堂馆宴客，到者有王云五、陈雪屏、李济、钱思亮、王世杰、浦薛凤等人。席间借谈美援为科学发展用途问题及公营事业收入提成作科学研究与技术发展之办法。7月3日胡适应邀赴夏威夷出席东西方哲学讨论会，赵元任同机，梅至机场送行。下午四时梅贻琦在"新闻局"开记者会，说明长期发展科学纲领——特别注意纲领第二及第七两条，及最近已进行事项。记者发问者不多。7月9日在"行政院"会中，提

1959年6月14日，梅贻琦（右）陪同蒋介石巡视台湾清华（左为孙观汉）。

案请讨论科学发展纲领第七项之实施办法。7月22日，梅贻琦在金华街主持
执行委员会第十二次会议（胡适出国未参加），会后赶赴他会，决议通知各专
门委员会，于8月15日以前审查补助单位及个人案，报告执委会。8月28日下午，
在金华街召集执委会第十三次会议，讨论研究补助金给与问题。先由三专门
委员会召集人报告选荐情形，继因从宽从严主张不一，讨论甚久，他最后提
议：本年系初次办理，宜暂从宽，但下年考核时，则应从严，无异议通过。循
此原则进行审查，9月3日会议再决定补助名单。9月3日下午，执委会在金华
街集会，胡适与李先闻未到，王世杰有事先退。依上次会决议各补助案。9月4
日，胡适在美国主持"中基会"董事会第三十次年会，提两议案：（1）自明年7
月起，设立"国家"研究讲座，"中基会"负担三十名讲座教授经费；（2）"中
基会"每年负担一名客座教授经费，自明年起增为两名。9月11日下午，执委会
在梅所住病房开会，到李济、李熙谋、钱思亮、李先闻、杨树人共六人（胡适
出访，浦薛凤另有会），决议：（1）修正生物组补助人员，核减一名，增一名，
共九人；（2）所有1958、1959年年度研究补助费，照十三、十四两次会之决议

1959年3月1日，
赵元任由美访台，与清
华1909级和1910级同
学（清华"史前生"）
摄于杨锡仁家。后排右
一为杨锡仁，右二为赵
元任，右三为胡适；前
排右起：周象贤、梅贻
琦、李鸣龢。

1958年5月25日，新竹核反应堆工程破土动工。左一为梅贻琦，左三为陈诚。

1959年，梅贻琦（前排左三）在新竹核反应堆机房前与前来参观的蒋介石（前排左四）等人合影。

定案。(3)定期邀请美援科学顾问商讨1960年专款事宜。10月5日胡适回台，杨树人报告历次会议决议。

10月21日，胡、梅二主席赴"立法院"预算与教育两委员会，胡适报告长期发展计划及施行情形约一小时。梅贻琦作补充。然后由立委咨询，胡简单答复：(1)此事为试办性质，但希望有远程计划，故后加"长期"二字。试办期暂定五年，在试办期有何缺点，希望随时补救修正，过几年办法改善了再完成立法程序。(2)多人总觉得滞台是暂时的，很少在学术上有长期计划，也缺少长期计划，致使优秀青年纷纷往海外，且很少回来，形成人才外流、出超现象，因此请吴大猷拟此计划，再经多人多次讨论修改，成此"纲领"。(3)此计划曾七折八扣，迁就事实，其专款由美援协助，第一年台币1500万，美金20万，以后逐渐增加；此外人事行政等由自己"政府"开支，第一年250万。(4)专款用途六点(见印送之纲领)。(5)讲座明年设置。今年研究补助费，甲种每月1600元，乙种800元，但不可兼职兼薪。

1961年1月29日，胡、梅共同具名发表《"国家"长期发展科学委员会两年来工作报告》，对长期发展科学计划案的由来、宗旨、目的、经费筹措和使用，做了详细的回答。

1961年2月以后，梅贻琦辞卸"教育部长"，不再担任科学委员会副主席，但科学发展的事功，在已有的基础和开辟路线上继续进展。尤其是美援方面，美方的代表和专家基于以前的合作习惯，多半继续支持。梅贻琦与胡适自1910年在美国熟识以来，合作了一辈子，直到寿终为止。尤其在台湾时期，两人共同发起科学发展的奠基运动，可谓密合无间。

十　鞠躬尽瘁

1961年12月2日，梅贻琦在台大医院示意启动核反应堆。

梅贻琦晚年长时间超负荷的辛劳，几乎耗尽了他的身体本钱。1960年5月底，他终于病倒，住入台北台湾大学医院特二号病房（当时胡适已住在特一号病房）。

梅贻琦体形高瘦，但相当强韧；应酬虽多，却少花精神（时间也尽量简短），所以生活有规律，工作效率很高。梅贻琦担任清华校长时42岁，正在英年，在学生的印象中，他比罗志希、吴南轩都挺拔潇洒，经常穿长袍，少着西装。除早年眼睛近视、牙齿脱落及痔疮外，身体健康而无其他慢性病，所以精力至老不衰，每天工作十几个小时。食量不大，睡眠安实（有时一夜四五小时，有时六七小时，中午或短眠或睡两三小时不等）。在北平清华任校长时，经常上午9时到办公室，中午步行回甲所用餐，下午2时或3时办公，6时下班，作息十分有规律。

梅贻琦晚年在台"复校"期间，比较忙碌，晚间擘画设计，写信看稿，多半迟眠，晨9时起床，中午尚须午休。此时事务虽繁，作息时间尚能自主。但兼任"教育部长"以后，经常须早起，8时许到"部"，而许多会议9时便开始，午间休息时间也甚短，常因公与同僚或外宾餐会。晚间则十有八九外膳，有外宾会餐时多于11时始归，归寓后再批阅重要文件（"部"中公文、"中外"函牍、"清华"计划图样等），有时深夜始寝。以古稀之年，案牍劳形之外，还须主动策划运筹，苦思烦神，身心俱惫。

此外，梅贻琦为人和善，对于酒宴从不拒却，这与胡适先生不同——胡适应邀，每餐限于一处，有业务会餐必谢绝其他应酬。而梅贻琦常一餐有三四处，非业务之约，稍坐即退，但例须饮酒一二盏后，在车中摇荡着游行饮宴，最后到达正式的业务餐会，肠胃已甚不适，而会后常再返寓所补阅公文。有时甚至因不满幕僚的英文信件，废去后亲自打字（他惯用一指打字，慢打似亦便于边打边作斟酌，故进行甚缓），往往迟至夜半始眠，其健康受损，已非一日。自1958年秋季起，时患零星感冒、腹泻、足伤、腰痛等症，但扶病强为撑持，导致不易觉察的隐患侵袭。

1959年为推动长期发展科学计划，梅贻琦在"教育部"部务及"清华"校务之外，增加了许多会议。因主要委员多在台北市内，所以会议多半在他的寓所利用午晚餐间举行，休息与睡眠时间逐渐减少，使他较前倍加劳累。尤其当局经费与人才有限，动辄须向外国机构联系，美援方面及联合国原子能总署的商洽频频，格外增加许多应酬，以致梅贻琦食量与睡眠时间，日益减少，有时竟难支持。曾有一次"救国团"在"总统府"前三军球场集合八九千青年，上午八点半专候他主持开幕，但头天夜晚他凌晨四时就寝，晨间无法准时起床，迟至九时才勉强到达会场，令蒋经国及青年等候多时，不无尴尬之感。

1958至1959年，台湾局势稳定，进入经济、文化、社会建设时代，各国元首政要纷纷到台湾访问，"教育部长"梅贻琦既属国际名人，又承美国官方与学者热心，公私事务及国际酬酢频繁，他的健康状况随工作量的增大而下降，自在意中。尤其1960年1月及5月，菲律宾元首等先后到台湾访问。因"南越"总统吴庭艳有意拥护台湾当局以儒家文化为精神盟主，作"东方反共中心"，台湾当局认为极为重要，决定组织孔孟学会，并以扩大国际宣传为重要政策，"教育部"尽可能发动学术界与学校师生，群力活动，梅贻琦实董其成。菲律宾早已决定研究原子科学，着力向台湾学习，并拟建造原子反应设备，不断与"教育部"及新竹清华联系。菲总统贾西亚到台湾访问，主要目的之一，即专访梅贻琦与参观新竹清华。这两国元首到来，台湾当局非常重视，梅贻琦的工作也更为繁重。4月份他数度发现腰部与背后疼痛现象，但因公务过多，机场迎送及"国宴"、会餐、还席等官方礼仪不便推却，实难有半日之休息。5月1日清华校庆期间，梅贻琦迎胡适院长至新竹，在校庆大会讲演与聚餐、参观。为指导新竹清华工程本应留宿，但会议频繁，疲劳之余仍赶夜路回台北。2日参加当局宴会；3日，当局拟定菲总统贾西亚赴新竹清华，梅贻琦清晨预往迎候，整日陪同参观及说明，连带与其技术随员会商；4日再陪外宾大宴，而且自5月1日起扶手杖勉强行动，连续数天。至5月5日，"美大使"庄莱德欢宴菲元首，梅贻琦勉强陪坐，宴毕回寓，即感不支。晚上在寓所与数人晤谈，其间美国交响乐团演奏会，"美大使"特留贵宾席，而梅贻琦竟不得不电话辞谢告罪。梅贻琦的腰痛厉害，他自称或因某次大宴时，背后久受强力吹风机直吹，无法闪避而得病。

6日早，他腰部疼痛转剧不能起床，决定休养一天，叫"教育部"把公文送至寓所。台大医院专家做过详细检查，劝他住到医院，方便护理。但他说还有几件急件公事与新竹清华工程决策，认为在住处办公比较方便。于是由医院介绍一位特别护士，白天照料，夜间由新竹清华工友值班。

病情的诊察因化验、拍照和各科医师会商，几天内没有初步定论，医生仍主张住院观察。他因疼痛不已，不愿移动，但后来发热不退，5月30日患肺炎并发症，31日移住台大医院特二号病房。体温虽得控制，但增肩部痛楚，各科医师会诊后，摘除左颈淋巴腺，做病理检查，初步判定为前列腺癌转移。当时对他保密，仅三五人知悉内情，后经胡适、蒋梦麟、钱思亮、浦薛凤、陈雪屏、查良钊、徐宗涑等再三磋商，决定急电梅夫人韩咏华自美国到台湾侍疾。梅贻琦一向不拟迎接夫人到台湾，至此勉强同意，唯嘱不可用公款，韩咏华女士才于6月19日飞至台北。

梅贻琦久任"教育部长"，虽对当局喜得俊彦，为教育科学事业大开新局,但对他个人生活,殊属不利。

梅贻琦癌症消息传出后,中外人士均极关切。蒋介石与夫人和陈诚分别数度亲往探病,并介绍特别医师协助诊察,切嘱:(1)医院用特别有效办法治疗,可用稀有珍贵药物,审慎而迅速救治;(2)必要时宣布病情"渐好转"消息,俾安海内外关切者之心。美"驻华机构"多位负责人常轮流探视,提供医疗技术支持及特别药品。美国"驻华大使"每日派华籍厨师送调养西餐两次,甚至星期日亦特命厨师加班(美国机构员工星期日均休息)致送。美国协防司令特派美国海军医院外科主任到医院会诊,另自日本横须贺美军医院请来内科主任Weiss博士,且允尽量供应药品;美国医学权威Hodges博士多次来为他检查胃肠及全身,日本癌症专家久留胜博士亦曾专门到台湾为他诊疗。

梅夫人到台后每日在病房照料,医院已将病情据实告知。经各科医师数次会商决定采取维持办法,设法用大量女性荷尔蒙疗治。自6月11日起,征求各校少女志愿输血(由患者酬以营养补品或代金),以期增加抵抗力,围堵癌细胞扩散。经梅夫人同意,两年期间,采用未婚女性鲜血,反复输入,先后输血39次,期望维延其生命至亲眼看到原子反应堆完工。7月22日医院为他施行手术,病情渐有起色,食欲渐增,10月底竟能离床,由轮椅推出室外散步。

1960年冬至翌年夏季,梅贻琦病况稳定,渐多过问"教育部"政务,及新竹清华原子反应堆工程等校务。他病重之时,仍未放弃重要业务,尤其新竹清华人事问题。"教育部长"职务虽于1961年2月获准辞去,但"科学委员会"尚有若干重要工作,难免要参加意见。尤其继任"部长"不谙科学,对科技领域的人事甚多隔阂,执行委员杨树人辞去执行秘书兼职,致胡适常至医院与他洽商。他有一分精神,即尽一分心力,而且对病况渐有信心。

1961年3月,梅贻琦胞弟梅贻宝与夫人倪逢吉自美回台探病,陪侍一月有余,令他更感愉悦。曾勉力偕同回台北金华街宿舍一次,略进简单午餐后回医院。其实这是他存心已久,意在试离出院,如经过良好,则拟于清华校庆日

（4月29日）驶往新竹。缘原子反应堆已于4月12日完工，而且试车良好，他欲亲睹数年费尽心力结晶，享受终身的慰藉。如体力不能支持，至少拟在台北金华街举行清华校友集会，亦可慰师生友好思念关怀之情。不意回医院次日发热，引致病情恶化，无法如愿。

此后胸背疼痛，渐不能起床，进食亦感困难。入秋气候不稳，病症亦随之起伏不定。9月间痰塞左肺，医师宣告危急。梅夫人曾告笔者，梅先生浑身骨骼松脆，头骨后面已凹入。一日梅贻琳遗孀（原习护士，懂医药），曾主张迁移病院，并拟开喉取痰，后经众议从缓，台大美籍客座教授杜恩（Doan）博士会诊，建议使用抗癌新药5-Fluoro-Uracil，亦美国众议院院长雷朋所用之药。起初效果尚好，后来效果渐减。10月间长女祖彬自美到台湾侍疾，至翌年1月始去，他心情较好，而病情未减。

原子反应堆工程圆满完成，自1961年4月临界后试车多次，稳定顺利，乃

1961年，梅贻琦与同在台大医院接受治疗的胡适在病房中合影。左起：梅贻琦、钱思亮、韩咏华、胡适。

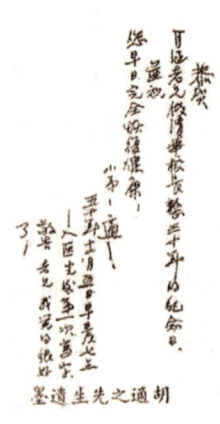

1961年12月5日，梅贻琦与胡适在台大医院特一号病房合影。胡适在照片上题词："恭贺月涵老兄做清华校长整三十年的纪念日，并祝您早日完全恢复健康！"

决定待梅贻琦病况稍愈后，举行正式启用典礼。他病渐沉重，自知无法亲赴新竹主持启用典礼，经约胡适，联系"行政院"王云五副院长及"教育部"黄季陆部长，商定于12月2日在台北市举行典礼。事先虽再三请医师检查，试行考虑能否自医院坐轮椅亲临会场，每次检查结果均无法通过，他已无法离床起坐。

1962年春，梅贻琦饮食大减，对新竹清华及原子能委员会事务，仍时加过问。新竹清华原子科学研究所事务有一时期全由原所长主持，自孙观汉所长回美，所务暂由郑振华兼代，另调洪同（1938级清华校友）代总务长，梅贻琦仍常召唤郑、洪到医院，听取报告，指示机宜。

住院期间，梅贻琦与挚友胡适比邻而居。1962年1月，胡适坚执出院，2月主持"中央研究院"院士会议，梅贻琦被膺选为院士，胡适曾以电话向他致贺。不意胡适在2月24日突然逝世，梅贻琦自广播闻之，对相识五十年、终身共教育的亲密朋友，一旦先行弃世，不免伤感异常。自5月4日起，梅贻琦开始发烧，继而升高，咳嗽加剧，任何抗生素皆难控制，医药失灵。5月19日上午10时50分，终因医治无效，梅贻琦溘然长逝，享年73岁。

十一　身后哀荣

新竹清华大学梅贻琦墓。

梅贻琦先生逝世后，生前友好门生纷集台大医院，商洽后事。梅贻琦先生遗体经梅夫人韩咏华女士决定于19日下午2时移至极乐殡仪馆。葬礼等经询梅夫人意见，采用土葬，墓园设于新竹清华大学校内，并定于5月23日发引。19日下午5时在"教育部"开会，到会者约90人（尚有20余人请假），即由"教育部"、"行政院"、新竹清华大学、"原子能委员会"、"国民大会"秘书处等机构成立治丧委员会。推举"行政院"副院长王云五为主任委员，蒋梦麟、王世杰、黄季陆为副主任委员；主任委员宣布聘李熙谋、陈可忠为正副总干事，即日起分典礼组、交通组、会计组、接待组、事务组、文书组，各司其职。每日上午9时、下午3时各举行汇报一次。

5月23日晨8时，在台北市极乐殡仪馆举行追思礼拜，到数百人。由陈维屏牧师主持，查良钊先生报告梅贻琦先生生平，教会唱诗班颂诗，9时礼成。

9时公祭开始，蒋介石特颁"勋昭作育"挽额，表彰梅贻琦先生高风亮节，遣张群"秘书长"代表致祭，陈诚及夫人躬亲致祭。其后，各行政部门、科研院所、高等院校及友好门生等2000多人致祭。

下午一时，大殓开始，治丧委员会王云五、蒋梦麟、王世杰、黄季陆、蒋经国、梅贻琦先生旧友学生等数百人，到达灵堂，行礼献花，瞻仰遗容后，大殓盖棺。由查良钊、陈可忠、浦薛凤、钱思亮四位清华校友覆"清华校旗"。

下午一时半,灵椁移出灵堂升上灵车,执绋者千余人步行送至台北中山北路口,由孝眷致谢。灵车在开道车、丧车、乐队车、"总统"挽额车、遗像车引护下启行,送殡亲友团体大小汽车数十辆。因警察及地方当局照料周到,二时前即到达市郊之中兴大桥。出殡行列经桃园、中坜,于四时到达新竹县境。新竹各界人士,已事先集合郊外10里之头前溪桥恭迎灵椁。由于地方当局建议,临时将行经路线扩展至新竹市区以内。在行进中沿途的住户商店,有的设立祭案,有的燃放鞭炮,有的在三轮车上架放着花圈,纷纷加入了行列。更多的男女老幼则自动聚集在街道两旁形成了一支盛大的逾万人的迎灵队伍。其中引人注目的,是新竹各校学生,他们穿戴统一的校服,排成整齐的行列,配以乐队肃立道旁,向这位一生献身教育的伟大学人,默致衷心的哀悼。

当发引移灵新竹校园的消息传到学校时,在校教职员生,立刻在郑振华代所长和朱树恭教授的主持下,展开迎灵的各项准备工作。21日下午,陈可忠教务长以代理校长的身份,从台北回到学校召集全体员生报告校长逝世经过及有关治丧的决定。最后,他希望大家节哀,全体共同勉励,以最大的努力,来对校长作最有意义的纪念。

下午五时,灵车驶抵学校。陈可忠代校长率领全体教职员生和眷属,肃立校门外向灵前致最敬礼后,转身在乐队前导下,恭迎灵椁进入学校预先布置好的灵堂。在灵堂门前先由陈维屏牧师带领祈祷,继由治丧会王云五主任委员亲为主持安灵仪式,接着是新竹各界的公祭,学校全体员生致祭。

墓地经过新竹清华大学组成专案小组初选,治丧委员会主任委员、总干事,以及清华校友同学会查良钊会长,浦薛凤和梅夫人勘定,在学校西南区山坡上选定。此地倚山面水,居高临下,远眺大陆海天一片,俯视全校历历在目。按最初计划,梅贻琦原拟在此建造校长住宅,今改建阴宅,以圆其永远呵护其毕生热爱之清华的愿望。大家都认为这是让校长永远安息的一个理想所在。墓园蓝图，是由华泰建筑师、清华校友张昌华设计，得到梅夫人核定。7月28日，墓园破土动工，开工仪式由陈可忠代校长、查良钊会长、浦薛凤先生联合主持，全体师生莅场致敬，工程因施工难度大，至11月中旬方得竣工。

治丧委员会决定于11月18日下午三时安葬。当日，陈诚亲临新竹主持安葬典礼。"行政院"副院长王云五及全体治丧委员会委员，"四院"正副院长，"中央研究院"院士暨研究所所长，"长期发展科学委员会"与各学术机关团体负责人，科学教育界人士，各大学、各地市及新竹各界领导，各高校、中学、职校师生与新竹百姓，清华、西南联大、南开各地校友，总共3000多人纷纷前来参加典礼，拥挤中肃穆无哗。

下午两点半，陈诚到达，先至灵堂致祭，即往墓地视察。全体治丧委员会委员致祭后，即在灵堂举行追思礼拜。各界公祭后，恭移遗榇出灵堂，在乐队前导下，送殡者随灵榇步行敬送约一公里半。当灵榇进入墓道时，送殡者犹在校园路上，送行队列之长由此可见。陈诚在墓地前肃然伫立静候，目睹灵柩奉安入穴后方始离去。封穴后再举安葬礼拜仪式，最后在哀乐声中，由王云五率领治丧委员会及全体人员致最敬礼，一代教育大家从此长眠地下。

新竹清华校园十八尖山之麓所建梅氏墓园叫"梅园"，墓前广植梅花松柏，刻石"梅园"二字，为于右任所书。梅园内有墓碑一前一后两座，后座墓碑由前后两层构成，雄伟壁立，前层上部刻着蒋介石手书挽词"勋昭作育"四字，下部刻写"政府褒扬令"[1]；后层底部是蒋梦麟撰写的碑文（丁治

---

[1] 政府褒扬令全文如下："国立清华大学校长梅贻琦，早岁留学美国，研习电机工程，学成归国，历任清华大学教授、校长四十余年。中经对日抗战之役，屡当艰巨，措置攸宜，懋著勋劳，深资倚畀，受命为出席联合国文教组织大会首席代表，周旋坛坫，为国宣勤。嗣任教育部部长，于长期发展科学，规画周详，力求实践，在教育部长任内仍兼主清华校务，董督原子炉装置工程，克瘁收功，为中外所称美。综其生平，刚毅诚朴，澹泊宁静，襟抱宏伟而敬业不迁，陶铸人才而为谦自牧，洵士林之模楷，邦国之耆贤，遽以积劳病逝，轸悼良深，应予明令褒扬，以彰令绩。此命。"落款为"总统蒋中正"、"行政院长陈诚"，时间为1962年10月20日。

新竹清华大学梅园入口处的"梅园"石碑。

磐书）。前座墓碑平置在墓穴上，正面是罗家伦题写的"梅校长贻琦博士之墓"。墓园左前侧建有"梅亭"，右后侧不远处建有"月涵亭"，供游人休憩。园内有清华校友集资所植各种名贵花木，初植时包括杏梅287株，梅花241株，花木成林，称为"梅林"。2011年新竹清华已将梅花列为校花，以志梅贻琦山高水长的德风，梅花不畏严寒和冰清玉洁的品性，也是清华的精神象征。将梅贻琦先生安葬在他情系毕生的清华校园，是人们对他功绩的最好肯定。有人说，将墓园放在校园之内，在古今中外，极为罕有。也只有一个校长毕生的事业和学校的生命完全融为一体时，这样做才是得体的。蒋经国对梅贻琦先生素极敬重，在梅贻琦逝世后最初若干年，每年5月19日梅先生忌日，

坐落在梅园右后侧的月涵亭。

他都来梅园致敬。海内外校友每到新竹必往"梅园"，当地人士每日清晨多往凭吊，几十年如一日，俨成新竹清华校园一名胜。

梅贻琦先生逝世后，治丧期间，万人空巷送灵迎灵，悼念缅怀文字文章铺天盖地。其中，治丧委员会的祭文中写道：

呜呼——天之将丧斯文欤？胡夺我先生之速！人亦有言：死为无物，惟圣与贤，虽埋不没，如先生者，其庶几乎！

先生学比渊澄，道同岳峙，仁者爱人，作育多士。

先生粹然儒者，躬行身教，对国家之贡献，独多且要。与并世诸君子比，华若未逮，而实则过之。卒也，诸君子名满天下，谤亦随之。誉之者或过其实，毁之者亦未必不杂其私。而国人之尊仰先生，翕然称之，盖无智愚，通朝野，乃至白叟黄童，胥无异词。孔子云：天何言哉，四时行焉，万物生焉，于先生见之。

先生生平尽瘁国立清华大学，虽于"国家"艰危之际，两度出长"教部"，而兼领清华如故。人有恒言：见果知树。五十年来清华人才之盛，堪称独步，贡献之多，尤彰明而昭著，斯非幸致，实耕耘者心血之所倾注。

先生之行谊，本乎中国文化之渊源，而学术则造乎西洋文化之峰巅。观乎先生之仪型多士，我先民之中体西用之理想在焉。

……

附章　修己安人

1935年校庆日留影。

古往今来凡是成就大事业者，莫不有超人的修己功夫。纵观梅贻琦沉默而辉煌的一生，最令人佩服也是最值得学习的是他一生坚持不懈地砥砺品性，修养身心。

梅贻琦在《大学一解》一文中，曾透彻地阐述了《大学》中"格物、致知、诚意、正心、修身"这些"修己功夫"对一个人"齐家、治国、平天下"的重大意义。这些修己功夫是一个人成才乃至一生当中都需要坚持的训练。只有持之以恒地磨砺品性，才能使一个人无论是在位高权重的热闹季节，还是在默默无闻的孤独岁月，保持住纯朴善良的赤子之心，始终散发着温暖社会的人性光辉。

纵观梅贻琦几十年来的生命轨迹，无论是家道中落期的少年奋发，还是清华崛起的青年图强，无论是国难当头的中流砥柱，还是乱世磨难的晚景余晖，他的内心就像拥有一个能量巨大、永不衰竭的太阳，通过教育事业，源源不断地给社会输送热能，温暖人心。

"身教重于言教"是中外教育界的名言，梅贻琦虽言必有中，但却寡言慎言。他一生从事教育，虽然没有建起一座座现代化的高楼大厦引"凤"，但他主持的教育事业却在艰难困苦的岁月里，大师云集，英才辈出，使中华民族的大学教育事业昂首挺立于世界一流。除了学识渊博、理念先进、作风民主外，他备受朋辈门生敬仰钦佩，并被誉为"万世师表"的，主要源于他的人格魅力和精神品质。

寡言君子

梅贻琦生性不爱说话,被称为"寡言君子"。他的座右铭之一是:"为政不在多言,顾力行何如耳。"

在梅贻琦与韩咏华订婚前,韩的同学跑来对她说:"告诉你,梅贻琦可是不爱说话的呀!"韩说:"豁出去了,他说多少算多少吧!"韩后来感叹地说:"就这样,我和沉默寡言的梅贻琦共同生活了43年。"

在20世纪30年代中期那些学潮澎湃的时日里,学校中危机四伏,说不定什么时候就要发生事端。梅贻琦这种沉默寡言的性格,反而起到了稳定人心的作用。1936年2月26日,清华曾发生"二二六"大逮捕事件,3000名武装军警黰夜闯入学校抓人。学校领导层人员在梅贻琦家开会研究对策,参加者有叶企孙、陈岱孙、冯友兰、张奚若、叶公超等。叶公超后来回忆说:"几乎每个人都说了很多话,惟有梅先生自己默然不发一言。大家都等着他讲话,足足有两三分钟之久,他老先生还是抽着烟,一句话不说。结巴的冯芝生最后就问梅先生说:'校长你——你、你看怎么样?'梅先生还是不说话。我就忍不住了。我说:'校长,您是没有意见而不说话还是在想着而不说话?'梅先生又隔了几秒答复我:'我在想,现在我们要阻止他们来是不可能的了,我们现在只可以想想如何减少他们来了之后的骚动。'"

梅贻琦有时给人的印象是"其言也讱,似不能言者",有时又给人以模棱两可的印象,以至于有人作"顺口溜"谑之曰:"大概也许可能是,不过仿佛不见得;可是学校总以为,但是我们不敢说。"

他平时少讲话甚或不讲话,但却绝不是无话可讲,更不是思想贫乏的表现，而是"嘴里不说，骨子里自有分寸"（查良钊语）。梅贻琦讲话，往往妙语如虹，甚多魅力和哲理。"大学者，非谓有大楼之谓也，有大师之谓也"，便是其中一例，此外还有许多生动的例子。他曾说过："学生没有坏的，坏学生都是被教坏的。""校长的任务就是给教授搬搬椅子，端端茶水的。"这些都表现出一个教育家的博大胸襟。所以陈寅恪先生说："假使一个政府的法令，可以和梅先生说话那样严谨，那样少，那个政府就是最理想的。"

梅贻琦的寡言还表现在他为人低调和处事不张扬上。无论他主持学校或"教育部"时，公文函札都是他亲自审阅，常通篇改写。尤其是在台湾出任"教育部长"后，每日带重要公文晚间批阅，常到深夜。"教育部"某机关新厦落成，主管司签请立碑纪念，梅先生在签呈上亲绘一图，标明尺寸，只在墙上做一小牌刻上兴工与完成年月。"做了不说"、"行胜于言"的事例，不胜枚举。寡言君子，当之无愧。

1954年梅贻琦自美国回台湾参加"国民大会"期间，蒋介石邀约茶会后留影。

有容乃大

梅贻琦服务清华时间长,成就大,贡献突出,但他从来没有因此而骄矜自喜,相反,他的谦逊德风,却给所有接触过他的人都留下深刻的印象。

1940年9月,在昆明的清华师生和校友为他服务母校25周年举行了一次公祝会。当时的国民政府主席林森特送"育材兴邦"四字匾额。梅贻琦在美国留学的母校伍斯特理工学院早在五年前就特授他名誉工程博士学位,他以"校务正忙,且时局不靖,未便远离,遂即复谢"回复。1939年夏,梅贻琦自伍斯特毕业25周年,该校校长及同班同学均函约他莅校并接受学位,他"乃将抗战以来,清华再迁于艰难困苦中,同人奋力维持推进情形述告师友,以慰盛情",仍未前往领受。1940年夏,该校董事会决定特为他改变"亲到领受"的惯例,由该校校长具函通知授予。在公祝会上,大家宣读了这封来函和授予学位时的介绍词。这份介绍词说,梅贻琦把"职业生命全部献给了自己的母校清华大学,特别是战争发生后,他率清华师生颠沛流离,从北京而长沙,而昆明,在极端困难的条件下创下了杰出的成绩……"

在公祝会前后,梅贻琦的许多朋友、同事以及著名校友纷纷来函、来电或躬临会场致词,衷心地以各种美好词句来颂扬他为民族教育事业和清华校事所付出的辛勤劳动。刘文典教授是清华中文系有名的"怪杰",他学问渊博,骈体文作得堪称一绝。当时常有权贵以重金索文而不可得,因为刘先生从不肯对人轻赞一词。但是这次,他却满怀敬慕之忱写了一篇较长的《梅校长任职廿五年纪念题名录序》:

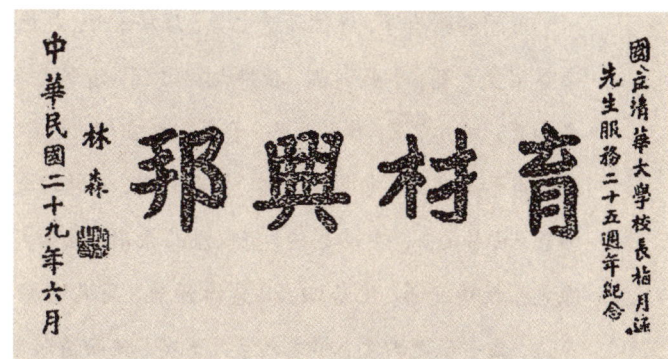

1940年，梅贻琦服务清华二十五周年，国民政府主席林森赠送"育材兴邦"匾额。

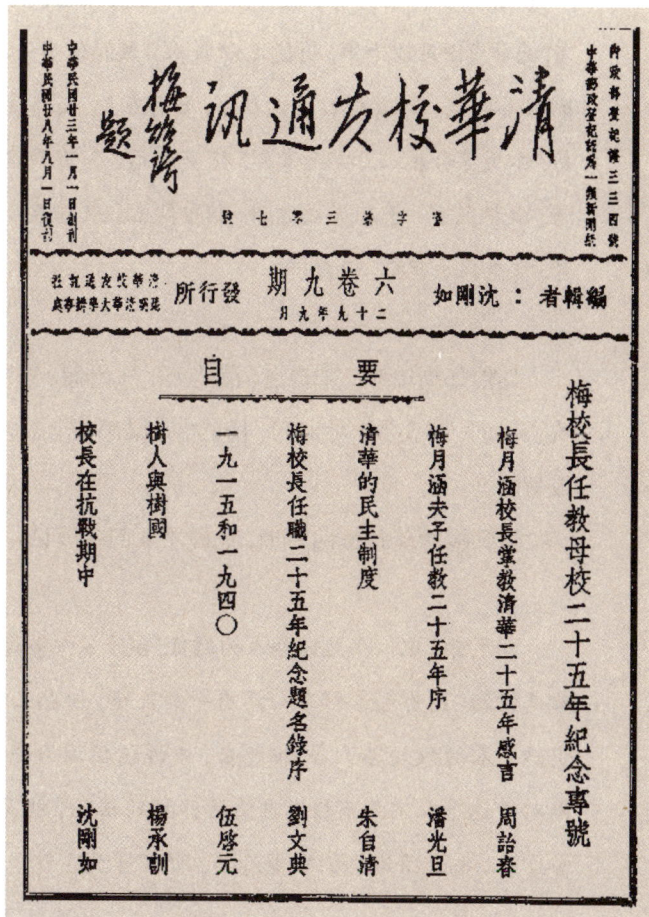

1940年《清华校友通讯》第6卷第9期"梅校长任教母校二十五年纪念专号"。

盖闻辟雍有事,粤称师道之尊;庠序宏开,式标教泽之远。是以饮酒养老,亲奉国叟之觞;享燕训恭,独拜大宾之驾。清华大学梅月涵校长,珪璋特达,擢秀南开;利用宾王,升学北美。于是栖心玄理,无弃寸阴;毕究微言,妙穷幽赜。既螫声于绝域,遂聿归乎宗邦。初开讲席,阐物理之精微;继长上庠,作人伦之师表。负书之士,持经之徒,望仪型而景附,慕芳声而响臻者,若百川之朝宗于海也。教臻三善,化洽四裔;惠泽滂流,高风遐被。朝野钦其文采,中外仰其声施,诚一代之典型,邦家之宗匠者矣。既而遭时屯波,戎马生郊,倭寇凭凌,中原板荡,虽博士倚席,横舍屡迁,而才秀之士,焕乎俱集,弦诵不辍,著录如市,自非贞固足以干事,明德足以服人,熟能使多士忘犬吠之警,边境息狼顾之忧若是也哉。缅维校长讲学莅事,廿有五稔,百年树人,既四分而有一;六爻系易,亦两贯而兼三。功既伟矣,德莫大焉。不有题名,曷光盛事。同人等俱沾凯泽,咸挹风猷。于是署兹方册,昭宣仰止。庶显显令闻,播芳蕤于无穷;济济英贤,被熏风于有截。谨序。

其他如周诒春、朱自清、潘光旦、马约翰、李书华、熊庆来等,都在会上致了贺词;翁文灏、马寅初、杨廷宝、梁思成、王力、章元美等也都发来贺函或贺电。

临到梅贻琦致答谢辞时,他说了下面一段话:

方才听了几位先生以个人为题目,说了不少夸奖的话,自己不敢说他们的话都是错的,因为无论哪个人总有一些长处,但也必有他的短处,只是诸位不肯说这个人的短处罢了。仔细想来,或许诸位因为爱清华的缘故,爱屋及乌,所以对于这个人不免有情不自禁的称扬的话语,就是吴士脱大学赠给个人的名誉学位,也是因为他们敬重清华,所以对于这个学校的校长,作一种奖励的表示。

诸位觉得一人在一个学校服务二十五年，应予鼓励。其实在清华服务达十年以上者，已有三四十人，十五年以上者，亦有一二十人，而马约翰先生且达二十六年之久。可见清华近些年之进展，不是而亦不能是一个人的缘故，是因为清华还有这很多位老同事，同心合力地去做，才有今日。现在给诸位说一个比喻，诸位大概都喜欢看京戏，京戏角里有一个角色，叫"王帽"的，他每出场总是王冠齐整，仪仗森严，文武将官，前呼后拥，"像煞有介事"。其实会看戏的绝不注意这正中端坐的"王帽"，因为好戏——除了很少数的几出，如《打金枝》、《上天台》——并不要他唱，他因为运气好，搭在一个好班子里，那么人家对这台戏叫好时，他亦觉得"与有荣焉"而已。

方才承龚先生（龚仲钧——作者注）勉励，再为清华服务二十五年。如"天假之年"，本人固然很愿做，但是即使我能活到七八十岁，在这以后的廿余年，未必还能有大用处，那么爱清华的人，必不愿以老朽累清华。不过在这风雨飘摇之秋，清华正好像一条船，漂流在惊涛骇浪之中，有人正赶上负驾驶它的责任，此人必不应退却，必不应畏缩，只有鼓起勇气坚忍前进。虽然此时使人有长夜漫漫之感，但我们相信不久就要天明风停，到那时我们把这船好好地开回清华园，到那时他才能向清华的同人校友"敢告无罪"。而在这艰难的时期，更希望凡爱护清华的多予帮助，多予指示，那便是学校之福，个人之幸。再谢谢诸位。[1]

梅贻琦谦逊的品格与他胸襟的宽广是紧密相连的。"有容乃大，无欲则刚"，这也是梅贻琦品格中的重要特征。"有容"使他可以谦逊地包容天下，"无欲"使他能够坚定地直面乱世。但是，如果没有高深的修己功夫，何来"有容"与"无欲"？

---

[1]梅贻琦：《在昆明公祝会上的答辞》，《清华校友通讯》1940年第6卷第9期。

　　1948年，北平母校曾筹备为他祝六十寿辰，建筑系教授李宗津特为他作了一幅寿像，张子高教授饱含热忱作《梅贻琦先生六十寿像序》，备颂他"有容德乃大"的风范（详见本书第七章第二节）。

　　民主作风只是梅贻琦卓尔不群的气度和胸襟的外在表现之一，他的气度和胸襟还体现出另一种情怀——容忍精神。自1931年接长清华，三十年间几经搬迁考验与各种学潮风暴，他总是安详静肃、不声不响地筹划应付，在极其困难中力谋发展。后来在台湾"复校"，与教育当局主张不尽相同，梅校长避免争执，沉默应对。拂意之事无时不有，但梅校长终身不发脾气，从无疾言厉色，只有时闭门默思达二三日之久。主持长期发展科学计划，遭遇误解或者恶意批评以及由此导致的阻碍很多，梅校长都容忍之，因为他的心中只有清华，他的心中只有教育，只要不影响清华和教育事业，只要有利于清华和教育事业发展，再大的委屈，再苦的工作，他都能默默而无怨无悔地承受。

廉明俭约

　　梅贻琦治校，自己始终身体力行一个"廉"字。

　　他任校长时，一住进清华的校长住宅（甲所），就主动放弃了过去校长所享有的几项"特权"：家里的工人自己付工资，电话费自己付，不要学校每月无偿供应的两吨煤。他认为："虽然款项有限，但这是个观念和制度的问题。"1928年之所以由他出任清华留美学生处监督，就是因为该处经济发生了混乱。他一到那里，便以身作则，厉行节俭，大刀阔斧地进行整顿。冬天全楼取暖全靠地下室的一只大火炉，司机和烧炉工合并成一人，他本人也常常下地窖去从炉子里掏出有用的煤渣。

他在清华做校长期间，总是尽量少设办事机构，把必要的办事员减到最少。他常说："因事设人效率高，因人设事扯皮多。"他长校期间，一般教学人员与行政人员之比经常在二比一左右。例如，1935年教学人员（包括少量的技术员及见习生）为297人，行政人员只有120人（不包括工警，但有34人为图书馆工作人员）。1946年清华复员时，学校有学生2300余人，教师380人，职员约160人，工警约180人，教师与学生之比为一比六，教学人员和学生与非教学人员之比为七比一。抗战期间，西南联大绝大多数系都不设办公室，事务通常采取碰头会的方式处理。直到1948年，一个工学院院长室只设一个行政人员和一位工友。当时学校有几条约定：（1）包括校长在内，一律是夫妻不同校，父子不同校（均指工作人员）。（2）不论教职员工，除学校规定的例假和公假外，一般不得请假，如必须请假，则要自己找人代职，报酬即从本人工资内偿付。那时的办事人员，一般都能兢兢业业，廉洁奉公，恪尽职守，大家都很爱护自己的学校。老职员汪健君先生文化程度较高，某大学曾聘他去任课，但他留恋清华的环境，终于甘愿留下来做职员，他说："承梅先生看得起我，我愿为清华服务。"联大期间，校舍分散，交通不便，梅贻琦常以步代车，往来走很远的路，而且习以为常，以之为乐。现在清华大学的档案袋里，还保存着他的一些用废纸头起草的公函、报告提纲等的原稿。

抗战期间的大后方，到处是"朱门酒肉臭，路有冻死骨"的情景，作为名大学的校长，他有时不免要参加一些官场聚会，但对一些现象每每流露出不满之情，常在日记中有所披露。如1941年10月13日他写道："晚，×××请客，在其办公处，菜味有烤乳猪、海参、鱼翅。饮食之余，不觉内愧。"1943年1月27日又写道："晚赴×××夫妇饭约……酒肴均极丰盛，或太费矣。"从日记中，也可以看出他对劳动人民的态度，如1941年6月5日（在船上）："早九点开始，房门外士兵坐卧满地，出入无插足之处，且多显病态，瘦弱之外，十九有疥疮，四肢头颈皆可见到，坐立之时，遍身搔抓，对此情景，殊觉国家对此辈亦太轻忽，故不敢有憎厌之心，转为怜惜矣。"

　　1949年末，梅贻琦离开大陆后，客居美国纽约。那时，全部清华在美的庚款基金都掌握在他的手里，但是他住的公寓却小得连一间单独的卧室都没有，他自己每月也只支薪300美金（与该基金支付留美学生的每月生活补助费相同），家庭生活相当拮据。后来台湾教育主管部门将"清华在美文化事业顾问委员会"改为"'教育部'在美文化事业顾问委员会"，令他改支月薪1500美元，梅贻琦亦未照办。1955年以后，他抵台用清华基金创办"清华原子科学研究所"，廉洁之风一如往常。不知出于何种考虑，他把家眷仍留在美国，自己只身在台湾做事。他在台湾挣的是台币，无法兼顾两地开销，他的太太韩咏华不得不在美自谋生计。从62岁起，她在衣帽工厂里做过工，在首饰店里卖过货，在医院里做过代班，最后到一个盲童学校照顾盲童，一直工作到66岁，按规定必须退休才罢。

　　抵台"复校"之初，梅贻琦先在台北市租间房当办公室，后来买了房地，但始终不肯买一套沙发，只肯用矮藤椅，一直到1957年移往新竹，办公室仍然都用的是藤椅。他对人说："清华有点儿钱，要撙节着用在图书、仪器、请教授上，房子要坚固持久，不要好看舒服。"

　　一个人在个人生活上做到节俭并不难，但并不是一切节俭都能发展为廉洁奉公，更不等于可以构成一种感人的美德。而梅贻琦这几方面都有超乎寻常的表现，而且是出于内心，发乎自然。

　　梅贻琦个人生活节俭是有名的。他早期生活清苦，家庭负担重，每月收支连购买一个小物件也在账本上记得清清楚楚，这种习惯一直伴随他一生。

　　抗日战争期间，他常把物质上的方便让给别人，把困难留给自己。在西南联大期间，他身为大学校长和国民党的中央委员，却经常"吃的是白饭拌辣椒，有时吃上一顿菠菜豆腐汤，全家就很满意了"。他的太太为了生计卖过点心，摆过地摊；他的儿子眼镜丢失了，却没有钱再为他配一副新的。他一生没有什么积蓄，病危住院费、死后殡葬费都是校友们捐助的。抗战期间，他同一般教授一样住在租用的民房里，阶沿上摆几把椅子就是"客厅"。他常用孔子饱受波折、东奔西跑、栖栖惶惶、被困于蔡、绝粮于陈，但对教育事业始终如一的事迹自勉和勉励他人，坚守自己的岗位。

梅贻琦节俭、廉洁，但并不悭吝。如果遇到必须花钱的情况，他"乐善好施"得超乎常人。早年生活清苦，却经常支付各种名目的捐助，从创办义务教育到赈灾救难，从救济困难职工到营救被捕同学，每次他都是"身先士卒"。

在战时办西南联大，若论设备和经费，清华都比其他两校优裕，依世俗的眼光看来，这种"联合"，清华是"划不来"的，当时曾有过类似的"联合大学"，都因种种摩擦没能坚持到底，只有西南联大"八年之久，合作无间，同无妨异，异不害同，五色交辉，相得益彰，八音合奏，终和且平……"三大名校八年联合，不仅显出梅贻琦的高超治理才能，而且也体现着他的大公无私精神。

1941年，梅贻琦在昆明北郊大普吉与清华大学五大研究所教职员及家属合影。

1954年，他回台湾参加"国民大会"，会议结束后他把全部给他的津贴都为"清华驻美办事处"购买了图书，像这样为了公事而舍得花钱的例子还有很多。清华校友，曾经跟从梅贻琦几十年的赵赓飏在《琐事忆梅师》一文中，说他"是俭，不是吝，为公家办事是要钱花得经济、有效、持久，不是舍不得花。如此，是积极的俭，才够上德"。清华校友林公侠在《忆念月涵师》一文中写道："月涵师生平对于名利很淡薄，专心致力于教育事业。他入阁当'部长'，只是为了当局的盛情难却，并不是为了喜欢做官，所以屡次请辞。他长母校几十年，虽然清华基金雄厚，竟不苟取分文，在贪污成风的社会，竟能高洁、清廉到这样地步，真是圣人的行为。只这一点，已是可为万世师表。"

专、大、公、爱

梅贻琦一生对民族教育事业的贡献"独多且要"，但他从不曾以自己的任何一件成就而炫耀自己。只有一件事似乎是个例外，这就是他与母校清华的血缘关系。抗战期间，他在一篇告校友书中写道：

> 琦自1909年（宣统元年）应母校第一次留美考试，被派赴美，自此即与清华发生关系，即受清华之多方培植。三十二年来，从未间断。以谓"生斯长斯，吾爱吾庐"之喻，琦于清华，正复如之。

1949年，在他六十岁生日前后，远在重庆的傅任敢先生以一篇《值得我们学习的梅校长》，深刻地揭示出梅先生"专、大、公、爱"四种高贵品格：

　　谈到梅贻琦,我们最易想到的是他的专。他是1909年清华第一届的留美生,那时他21岁,在美国吴士脱大学学习工程。1915年回国,便在清华服务,由教员、教授、教务长,到清华留美学生监督。1931年就任校长,直到现在。所以,就他与清大的关系而论,前后共达39年之久;就他服务清大而论,前后共达33年;就任校长到现在,已达17年。他这一生,由少而壮,由壮而老,整个韶光,都是为了清华。清华由游美学务处,清华学堂,清华学校,发展到当年五大学院的清华大学,他都是身亲或躬与其事的。有人祝贺清华,说她寿与国同,因为清华的年龄正与"中华民国"一般长短。同样,人们也可以说梅校长寿与校同,因为他的一生就是清华的一生……中国一切事业之所以不上轨道,就人事而论,实是由于大家缺乏"专"的精神。结果,个人飞黄腾达,事业江河日下。这"专",有三层深度:第一层是说专干一种职业,决不今天干教育,明天弄政治,后天搞实业;第二层是说专干一件事,决不今天做甲校的教务,明天做乙校的主任,后天做丙校的校长;第三层是说专心致志,决不东应酬,西交际,干着校长,望着部长。做到第一层的人已经不多,做到第二层的绝少,做到第三层的便绝无仅有了。梅校长的专,便是属于绝无仅有一层的。

　　其次,我们容易想到的是梅校长的大。自抗战后,国内成立过好几所联合大学,可是除了西南联大一直联到胜利以后方才各自复校以外,其余全都中道夭折了。我们可以想一下,倘若西南联大也如其他联大,因为意见不合,联不到底,那是中国教育界以至全中国国民多么重大的一件耻辱。外国人看不起中国人,说中国人是一盘散沙,是一个无组织的国家。倘若在那国难临头的时候,连智识最高的高等教育界都仍没有例外地联不拢来,一盘散沙之说岂不全盘证实、百口莫辩了吗?而其所予全体国民与下代青年的暗示又将是何等的恶劣与深远?我们又可以再想一下,为什么其他的联大统统联不下去,惟有西南联大能够联到底呢……这关键与奥妙就在梅校长的大。这时他的心中与他的作为都只有联大没有清华了。他对整个联大一样看待,所以整个联大也都一样看待他，因此就能一直联到底了。这事做来不易，假装不成。这事的成功是他真真实实具有一副大的品格。这品格正是我们，尤其我们教育界所急需的。

再次，他的公，或说他的民主精神，也是使人仰慕的。清华之所以办得有声有色，蒸蒸日上，主要是因为她具有浓厚的学术空气，拥有各方面的出色教授。一个大学仅仅有钱有设备是办不好的，它得有好的风气，好的教授。风气如何才能好，好教授如何才能肯来呢？这是由于清华的校务真正公开，校长绝不独断独行。因为一切集思广益，进步自然愈来愈大；因为分工负责，人人均觉清华自己也有一份，所以大家工作都有兴致……这是真正的民主制度，真正的校务公开。因此，学术的风气才能增进，出色的教授才肯前去。在这方面，以身作则的就是梅校长。

最后，我要说到梅校长的爱。做领袖的人有两种：一种使人慑服，一种使人悦服。毫无疑问地，教育工作者应当使人悦服，而不在于慑服，因为教育的出发点是爱。梅校长的品性中深深具有这一点。他爱学校，所以把他一生献给了学校；他爱国家，所以在抗日时把他的儿打发到远征军去；他爱同事，所以待人一视同仁，从无疾言厉色；他尤其爱青年，所以在每次的学潮中，他都以自己的力量掩护着青年的安全……我们便不能不深深地感到我们要有根基深厚的爱，育才才有着落。

一生清白

梅贻琦一生俭朴，不喜浮夸，生前胞弟梅贻宝询问他是否立遗嘱，意在事业延续，但他摇首拒却。

为了教育事业，他有眷无家——自1955年回台，梅夫人即留纽约独立工作维生,住在梅贻琦1950年所租极简陋的一间半公寓,清华校友阎振兴曾在美国拜访过梅师母,说"师母的生活很清苦"。

虽然梅贻琦一生所做事业很大,桃李满天下,但他不仅没有为子女留下任何家产,而且因患病而负债。他从无储蓄,更无产业,住院虽有公费保险,但所住病房较公教人员病床每日需加数百元(新台币)差额,伙食费例须自付半数,而营养费须全部自付;又有特别护士费,每日数百元亦得自己负担;尤其输血数百人之营养补品代金,其数额超过个人薪俸(梅贻琦只领"国民大会"代表一份薪俸)数十倍。原由"教育部"及新竹清华大学暂为垫付住院费,医院则记账待一总算偿还。赵庚飏曾多次提请查良钊与浦薛凤、陈可忠等先生早日设法筹措,以免将来难以清偿,影响梅先生一生清誉。

当时查良钊为清华同学会会长,赵庚飏请他联络清华海内外校友事宜,与香港同学会会长罗香林(1930级清华校友)说明此难题,罗香林发动香港清华校友先捐港币千元为倡导,查良钊乘王文山(CAT董事长)到台湾之机,约集校友发起以祝贺梅贻琦任校长三十周年,集资贺仪为名,谋补贴医药调养等费,以利梅贻琦早日康复。清华、西南联大师友及梅贻琦先生亲朋旧友极为热心,半年内集资68万新台币。第一批贺仪征信录刊印后,曾送梅先生一份。在病榻翻阅时,他久久无言而热泪盈眶,甚至在1962年校庆大会时,梅先生预作校庆致辞录音中,还提及此事:

这些天,才听到诸位校友有番盛意,要为着本人在学校,曾任校长三十年而有一种表示,所谓"祝贺"的意思。只是本人在这30年的工夫没有什么大的建树,已经感觉惭愧。诸位这种举动,使我更十分是,很不过意,更觉着惭愧。诸位聚起来的款数,据听说已经不少,现在在医院里边所用的钱,有的欠的款,或者借垫的款都还了之外,还余下的有相当的数目。这个数目,我倒不希望在医院里还要住个两三年的,就把它用掉,将在短期内,能够好了,出了医院,这笔钱我想我可以本着诸位对我这个鼓励的意思,拿来作一点于学校于大家都有意义的事情,将来还要同各位委员同仁大家商量,现在,我想向诸位表示感谢。谢谢诸位。

梅贻琦身后经济虽然萧条,但未沾欠公家分文,保持清白一生,令人永远尊仰。

后 记

四川教育出版社出版《20世纪中国教育家画传》丛书，清华老校长梅贻琦先生被选为传主之一，嘱我编写书稿。恰好，我在退休前积累了一些资料（主要是有关梅先生的图片、手迹和史料之类），一直想为它们找编发的机会，以飨读者而传

本书两位作者在清华大学黄延复（右）家书房中合影。

后世，于是就不揣浅陋，与我的合作者钟秀斌先生接下了这个任务。

关于梅校长的生平事迹和道德风范，是我们素所敬佩并乐于弘扬的。我前些年曾有一桩"宏愿"，即在有生之年完成一个"梅贻琦系列"，以帮助读者了解和缅怀这位对民族教育事业作出无私奉献，并在道德风范方面作出光辉榜样的杰出教育家。经过多年的努力，姑不论质量如何，倒是完成了几种，诸如《一个时代的斯文：清华校长梅贻琦》、《梅贻琦教育思想研究》、《梅贻琦教育言论集》、《梅贻琦先生纪念集》、《梅贻琦与清华大学》、《梅贻琦日记（1941~1946）》等等。但有一个应不可少的项目—— 一本可称为传记的文字，迄今尚告阙如。所以这本"画传"，虽然按照丛书编撰体例的要求（不作

详描细述,而是要有所突出,有所侧重),尚不能算是一本正规的传书,但总可以多少弥补于上述夙愿,所以也颇有某种"释然"之感。

现在很多读者可能都已有同感:梅校长的生平业绩和道德风范,是极其博大而丰富的。如我经常乐于引用的、他逝世时治丧委员会所作祭文中所说的一段话:"先生学比渊澄,道同岳峙,仁者爱人,作育多士……先生生平尽瘁国立清华大学……五十年来清华人才之盛,堪称独步,贡献之多,尤彰明而昭著……先生之行谊,本乎中国文化之源渊,而学术则造乎西洋文化之峰颠。观乎先生之仪型多士,我先民中体西用之理想在焉。"每逢我重温这些语句,都会感觉到体内热血涌动。问题不仅在于文笔优美贴切,而在于它们是实实在在、没有一丝一毫的虚妄和矫饰的。我常常以我们中华民族出了这样一位既平凡又伟大,既普通又超群,既是民族的又是现代的,既坚忍又果断,既有风节又有智慧的贤哲式的人物而自豪。

曾有一位朋友向我提出两个问题:一、梅先生生平德业,最使人敬仰的是什么?二、梅先生对国家、对民族教育事业作出如此杰出贡献的根本原因是什么?

对于第一点,我归结了两个字:学、德——他那"本乎中国文化之源渊"的德风和"造乎西洋文化之峰颠"的学问,特别是他那平平实实但却处处沁人心腑的人格;关于第二点,我归结为三个字:责任心——对国家,对民族,甚至对全人类只讲奉献不讲索取的、鞠躬尽瘁死而后已的责任心。

是的,梅校长的一生,他的德风、学思、志节、文采、风趣的方方面面,诸如他的大学之解、大师之论、民主之治、自由之风、育才用才之道、游学治学之观、"王帽"之喻,以及专、大、公、爱、廉、俭、谦等等胸襟和风范,都堪作当前社会各界人士的楷模。尤其是道德风范方面,都是当前人们,包括一些经常乐于以"重要"姿态出现的所谓显赫人物身上所极其缺乏的,而它们正是民族复兴大业中所极端需要的"秘方"。换个说法:对于过去或现在的各种机构，有了梅贻琦式的领袖人物，则诸事可治；否则，一切都是空话！

再有，梅先生生前之所以会得到人们，特别是素以独立精神、自由思想见称于世的清华师生如此深厚的爱戴和尊仰，即所谓"……而国人之尊仰先生，翕然称之，盖无智愚，通朝野，乃至白叟黄童，胥无异词"，是有充分根据的，绝不是偶然的。

于是我又联想到：前些时，曾有同道者呼吁"普及梅贻琦"，意思是，梅贻琦（其实也是指老清华）过去所创下的，至少对发展中国教育事业行之有效的一些经验和高尚精神，如今并未过时。也如这位同道所说：当前的教育事业，特别是高等教育事业，不但需要"革新"，而且需要"复原"。对于包括梅贻琦在内的一些优秀前贤们所留下的宝贵遗产，只要揭去那片蒙蔽我们已久的有色之镜或障目之叶，客观而公正地加以分析和总结，对发展我国教育事业和克服当前教育界所存在的诸多弊端，仍然不失为苦口良药。所以说，"普及梅贻琦"的呼吁，在当前虽然不能说是刚刚开始，却远不应该是已经结束。他的有些事迹，包括他在台岛再创业过程中所表现的思想风范和创下的丰硕事功，同样属于我们全民族的宝贵财富，但迄今至少在大陆，它们仍还处于隐逸状态，而它们都是我们深入理解围绕梅贻琦发生的相关历史事件和梅贻琦本人完整人格和事迹的必不可少的材料，所以它们是本书中所有意侧重和凸显的一个侧面。说得更明白些，本书有意从"隐逸"的角度，就过去很少提到的，特别是他赴台再创业过程中的种种事迹较多地用了记述的笔墨，并且采用了一些新的叙述手法，敬请读者留意垂察。

最后我们想特别指出：明眼人一看便知，本书明显得益于已故赵赓飏先生的力著——《梅贻琦传稿》，甚至可以说，很多地方就是他的记述和评说的再植，尤其是梅贻琦先生在台湾的岁月。赵先生是清华1934届的毕业生，他很早就受到梅校长的赏识，而在梅校长赴台再创业的过程中，一直追随左右，可以说是清华校友中，对于自己的老师最了解并能作出公正评价的梅先生的友生之一。尤其可贵的是，从他的书中可知，他曾掌握并使用了梅校长寓美和赴台再创业期间的全部日记和其他资料，因而能够在自己的书中对梅校长在那些时日中的言行和业绩作出最直接和最翔实的记述。我和赵先生未曾谋过面，但通过已故的梅祖彦教授（梅校长的哲嗣），我们很早就建立了联系。我可能是大陆较早得到他这本大作的人之一，而且很早就想要在实现前面所谓的"宏愿"方面有所借重。现在如果他和祖彦先生仍健在，还会在其他资料——例如珍贵图片等等方面给予重要的指导和帮助，可惜已经失去了这样的机会。但我借重于赵书的愿望已基本实现，兹趁机向赵公的在天之灵致以诚挚的谢忱。

本书的一些照片除署名者外，尚有一部分得益于梅校长之孙梅佳禾先生的大力帮助，在此，我们谨致衷心感谢！

2012年是梅校长诞辰123周年、逝世50周年，又是梅祖彦教授逝世9周年。后者生前曾在我撰述的"梅贻琦系列"中，给了我精神上和物质上的多方面的无私帮助，本书所收许多珍贵图片就是他生前亲手交与我复制留存的。谨以此书作为对老、少二梅先生的缅念之礼吧。

黄延复

2011年仲夏于清华园寓所

把教育办得更好
（代跋）

储朝晖

　　提倡教育家办学是提升中国教育品质的必由路径，令人遗憾的是，近三十年对教育的实地调查使我深感无论是在教育业内还是整个社会，对教育家的认识都是极度模糊的。

　　在我心存为解决这一问题做点什么的愿望时，四川教育出版社前任社长安庆国先生说他一直想出版一套《20世纪中国教育家画传》丛书而未能如愿。于是，我们决定合力将这件事做好，以期对传承、传播教育家的办学理念，促进教育家办学有所裨益。这便是这套丛书编写和出版的缘起。

　　在丛书编写和与各卷作者交流的过程中我体会到，一个时代是否有教育家是与两个方面相关的：一是这个时代是否需要教育家；二是这个时代是否具有产生教育家的环境。可以说任何时代都有具有教育家潜能和品质的人，但只有独立思考，并能依据其独立思考自主实行教育教学的人，才能成为教育家。因此，凡是学人能够自主的时代，出现教育家的概率就高；而在学人不能自主的时代，就不会出现教育家。如果真的期望教育家出现，就要创造教师能够自主教学，学生能够自主学习，校长能够自主办学的社会与制度环境，否则就不可能出现真正的教育家，也不可能培养出杰出人才。

　　教育家的认定最可靠的方式是社会认同，获得较高社会认同的教育从业者，能被社会高度认同为教育家的人就是教育家。当今尚不存在哪个专家或某个机构具有确认教育家的资质。限于条件，这套丛书还不能对所选传主通过全民投票的方式来确定，但所选的十位传主确是经过教育史专业的学者海选而产生的，他们选出了王国维、蔡元培、陶行知、张伯苓、胡适、梅贻琦、黄炎培、徐特立、陈鹤琴、晏阳初，在20世纪中国教育史上，他们发挥的教育家作用是毋庸置疑的。令我们感到惊诧的是，他们在那个年代就已经相互认识，大都有过直接交往，其中一些人之间还是挚友，这应是志同道合使然。

除了外部认同，教育家必备的内部品质有三种：一是博爱之心，执著地爱学生、爱教育工作、爱人类未来的发展；二是独立思考和不懈求新，教育已经是数千年的专业工作，不能独立思考和创新的人是难以成为教育家的；三是有从事教育工作的专业潜质，能敏锐地发现教育问题，并以独特的思考和行为解决问题。有了这三种品质，在外部条件许可的情况下就会产生诸如教育思想、办学业绩、论著等结果。

是否称得上教育家，最根本的是看他是否教人做人，能否依据学生不同的潜能、个性和志向培养出值得他自己崇拜的人。一个人的学业成绩仅仅是他成长发展的一个方面，学业成绩高并不一定就发展得好，教出考试成绩高的学生也不是教师成为教育家的垫脚石。近三十年来有不少学生得了各类国际奥林匹克奖，却未能成长为相关领域真正的专家。陶行知主张办知情意合一的教育，有一段很有针对性的话："知情意三者并非从割裂的训练中可以获取。书本教育也许可以使儿童迅速获得许多知识，神经质的教师也许可以使儿童迅速地获得丰富的感情，专制的训练也许可以使一个人获得独断的意志，但我们何所取于这样的知识，何所取于这样的感情，何所取于这样的意志？知情意的教育是整个的，统一的。知的教育不是灌输儿童死的知识，而是同时引起儿童的社会兴趣与行动的意志。感情教育不是培养儿童脆弱的感情，而是调节并启发儿童应有的感情，主要的是追求真理的感情；在感情之调节与启发中使儿童了解其意义与方法，便同时是知的教育；使养成追求真理的感情并能努力与奉行，便同时是意志教育。意志教育不是发扬个人盲目的意志，而是培养合于社会及历史发展的意志。合理的意志之培养和正确的知识教育不能分开，坚强的意志之获得和一定情况下的情绪激发与冷淡无从割裂。现在我们要求在统一的教育中培养儿童的知情意，启发其自觉，使其人格获得完备的发展。"[1]坦率地说，现在不少学校的学生成绩就是以割裂的方式获取的，这样的学校教育就不能说是真正在教育人，也不可能造就出教育家。如果不能走出这个误区，教育家的出现就永远只能是梦想，教育家办学就只会蹈空。

中外历史上所有教育家的人生旅程都是历经波折、艰难求索的过程，他们虽未自称是教育家，却都在青年时期就有高远的志向，如孔子"十有五而志于学"、陶行知"要让每个中国人都受到教育"，都是普通而又高远的追求。为了实现人生目标，他们不畏权势、不为名利，"捧着一颗心来，不带半根草去"，贫贱不移、富贵不淫、威武不屈、美人不动。教育家的出现首先需要有尊道抑势、以人类发展进步为己任的大胸怀，需要终生不辍的求索和行动。

教育家群体的出现需要有适宜的制度与社会环境，要让有教育家天赋的人敢想、敢干，能想、能干，这种社会条件往往不是一个人、一个机构、一个政策所能创造的。从现实状况看，教师的自主性和创造性未能得到充分发挥确是现有教育管理体制的缺陷，而改变现有体制使更多的人能遵循教育内在规律更高效地工作，就是应该尽快解决的实际问题。

这套丛书突出传主的教育思想、办学理念、办学实践，尤其凸显传主的教育家精神，希望真正激励一批有志教育的人成为教育家，切实有效地推动中国的教育家办学进程。

---

[1]陶行知：《育才学校教育纲要草案》，《陶行知全集》（第4卷），四川教育出版社2009年版，第382~383页。

这一想法的实施是一项艰巨的任务。黄延复先生因与我都有弘扬大学精神的共同心愿而成为忘年之交，在《梅贻琦画传》的写作过程中，我俩仅打过几次电话，便能对对方的想法灵犀相通。在他的指导下，青年学者钟秀斌领悟得很到位，花一年多时间完成了《梅贻琦画传》书稿。年近八旬的戴永增先生，二十多年如一日地进行徐特立研究，我俩因此而成为无话不说的老朋友。说起徐特立，他就像做专题报道，滔滔不绝、如数家珍。为了《徐特立画传》的编写，他亲自找到北京理工大学郭大成书记，要求将这一工作列为该校的一个科研项目；同时他再三鼓励、全力帮助以靳贵珍老师为主的青年学者写作，提携后辈不遗余力。当书稿完成后他在电话中明确坚定地告诉我自己不署名。著名青年传纪作家窦忠如在时间很紧的情况下承担了《王国维画传》的写作任务，显现出对大师的诚敬和对弘扬教育家精神的担当。华东师范大学中国史学研究所房鑫亮教授和他的博士生徐旭晟对《王国维画传》的写作也给予了支持。这本身就是本套丛书所追求的精神境界之一。

对本套丛书给予直接帮助的个人和团体还有：中国人民大学教授程方平，中国教育研究院徐卫红、夏辉映，北京师范大学教授顾明远、孙邦华，北京理工大学教育研究院，在此一并致谢。此外，由于本套丛书参考的文献浩繁，标注的引文及参考文献或属挂一漏万，对于这种情况，我们在此一并致歉并致谢！

在本套丛书即将出版之际，真诚感谢对各位传主研究有素的专家乐意担任各分册作者。在这个作者队伍当中，既有与我交往数十年的老朋友，也有为完成这次任务而结识的新朋友。在编写和出版这套丛书的基本理念上，我们在认识上高度一致，在情感上高度愉悦，遇到各种困难能够设法克服，较好地保证了这套丛书的内容深度和质量。在此，尤其要感谢前辈学者黄延复、宋恩荣、梁吉生、戴永增、金林祥诸位先生，他们有人和我交谈时说这次的写作是绝笔之作，更令我肃然起敬且感到难以担当，但愿我们的真诚能有

助于读者更好地领会各位教育家的精神真谛，碰撞出当今社会更多的真诚，把教育办得更好。

四川教育出版社现任社长雷华、总编辑胡宇红、副社长李晓翔和王积跃对整套书的出版给予了大力支持；张纪亮主任和各位责任编辑为丛书出版花费了大量精力；同时我的爱人胡翠红做了大量资料查阅、梳理工作。在此一并致以诚挚的谢意！

尽管本人及各位作者在写作时尽了最大努力，但丛书的缺点和不足在所难免，恳请方家和读者批评指正，所提意见可直接发到我的邮箱：chu.zhaohui@163.com，在此先致谢忱。

2012年3月28日